MANUAL DO TARÔ

Hajo Banzhaf

MANUAL DO TARÔ

Origens, Significados Ocultos, Instruções e os
12 Métodos Práticos de Tiragem das Cartas

Tradução
Zilda Hutchinson Schild Silva

Editora
Pensamento
SÃO PAULO

Título original: *Das Tarot-Handbuch.*
Copyright © 1986 Heinrich Verlag, Munique.
Copyright da edição brasileira © 1991, 2023 Editora Pensamento-Cultrix Ltda.
2ª edição 2023.
P.S.: As cartas apresentadas neste livro provêm do Tarô Waite-Smith e do Tarô de Marselha.
Obs.: Publicado anteriormente com o subtítulo: *Origem, Definição e Instruções para o Uso do Tarô.*
Todos os direitos reservados. Nenhuma parte deste livro pode ser reproduzida ou usada de qualquer forma ou por qualquer meio, eletrônico ou mecânico, inclusive fotocópias, gravações ou sistema de armazenamento em banco de dados, sem permissão por escrito, exceto nos casos de trechos curtos citados em resenhas críticas ou artigos de revista.

A Editora Pensamento não se responsabiliza por eventuais mudanças ocorridas nos endereços convencionais ou eletrônicos citados neste livro.

Editor: Adilson Silva Ramachandra
Gerente editorial: Roseli de S. Ferraz
Preparação de originais: Verbenna Yin
Gerente de produção editorial: Indiara Faria Kayo
Editoração Eletrônica: Join Bureau
Revisão: Luciana Soares da Silva

Dados Internacionais de Catalogação na Publicação (CIP)
(Câmara Brasileira do Livro, SP, Brasil)

Banzhaf, Hajo, 1949-2009
  Manual do Tarô: origens, significados ocultos, instruções e os 12 métodos práticos de tiragem das cartas / Hajo Banzhaf; tradução Zilda Hutchinson Schild Silva. – 2. ed. – São Paulo: Editora Pensamento, 2023.
  Título original: Das Tarot-Handbuch
  ISBN 978-85-315-2293-2

  1. Cartas de tarô 2. Cartomancia 3. Esoterismo – Tarô 4. Tarô – Cartas 5. Tarô – História I. Título.

23-152426   CDD-133.3

Índices para catálogo sistemático:
1. Tarô: Esoterismo 133.3
Aline Graziele Benitez – Bibliotecária – CRB-1/3129

Direitos de tradução para a língua portuguesa adquiridos com exclusividade pela
EDITORA PENSAMENTO-CULTRIX LTDA., que se reserva a
propriedade literária desta tradução.
Rua Dr. Mário Vicente, 368 – 04270-000 – São Paulo – SP – Fone: (11) 2066-9000
http://www.editorapensamento.com.br
E-mail: atendimento@editorapensamento.com.br
Foi feito o depósito legal.

SUMÁRIO

Introdução 11

1. Os Arcanos Maiores 19
   Instruções para o Uso 21
   Estrutura dos Arcanos Maiores 23
   Apresentação dos 22 Arcanos Maiores do Tarô 27
   O Alfabeto Hebraico e o Resultado do Valor Numérico 183
   O Método Crowley para Ter o Resultado de Cartas Pessoais 185

2. Os Arcanos Menores 187
   Bases de Interpretação das Cartas da Corte 189
   Instruções para o Uso das Cartas da Corte 191
   Os Quatro Elementos 195
   Aspectos Essenciais da Psique Masculina e Feminina com seus Lados Luminosos e Sombrios 199

A Interpretação das Cartas por Números 205

As Sequências de Cada Elemento 207

Apresentação de Cada um dos Arcanos Menores 217

3. Métodos de Tiragem das Cartas 285

Indicações para o Usuário 287

A Pesquisa da Quintessência e sua Interpretação 289

Os Três Caminhos 293

12 Métodos Práticos de Tiragem das Cartas 297

Exemplos de Interpretação 317

Créditos e Bibliografia Complementar 329

Agradecimentos 335

Para Miki,
que me deu o empurrão decisivo
para escrever este livro.

"Deus dai-me serenidade para aceitar as coisas que eu não posso mudar, coragem para mudar as coisas que posso e sabedoria para distinguir uma coisa da outra."

– Chr. F. Oetinger (1702-1782)

SERENIDADE

CORAGEM

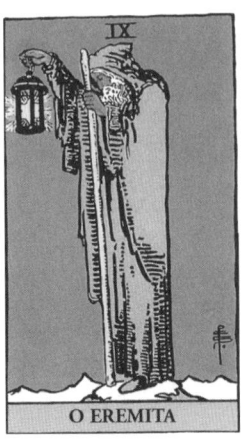

SABEDORIA

Introdução

A principal intenção deste livro é servir de obra de consulta e de estímulo para os interessados no Tarô. Ele não tem a pretensão de ser perfeito, muito menos espera ser designado como "enfim o livro certo".

Entendo o Tarô como um jogo individual, com regras e interpretações individuais. Todos os jogos apresentados no final do livro, bem como as interpretações e os resultados sugeridos, servem principalmente como estímulo e apenas como um ponto de partida.

A partir daí, seja qual for o caminho isolado que se tome, quer seja o da psicologia profunda, o da cabala, o da numerologia mística ou o da cartomante que se apresenta nas feiras anuais, ou ainda qualquer outro, será correto enquanto caminho.

Com tantos jogos diferentes que existem em nossos dias, por certo é inevitável que se haja alguma uniformidade de interpretação. Grande parte desses jogos está alicerçada no Tarô de Marselha aqui descrito e no Tarô Waite-Smith, de modo que as sugestões para interpretação podem ser aceitas sem maiores preocupações. À pergunta: "Qual o sentido de tirar as cartas", eu gostaria de responder citando Colin Wilson:

> Não podemos censurar o homem cujo raciocínio lógico afirma que toda essa coisa não deixa de ser um passatempo para pessoas tolas

e ingênuas. Contudo, se, com base nesses motivos, quiséssemos deixar o Tarô completamente de lado, estaríamos fazendo o mesmo que jogar o bebê junto com a água do banho. Tal como acontece com o I Ching, consulta-se o Tarô sob o pressuposto de que o subconsciente tem mais a ver com o acaso do que pode parecer à primeira vista. Ele parece conhecer as coisas que ficam ocultas ao consciente. Em certos momentos de paz ou exaustão, essas intuições podem ser transmitidas ao consciente. [...]

O principal problema neste caso é estabelecer uma ligação entre o consciente e o subconsciente; é exatamente isso que o criador das cartas do Tarô tencionava fazer. Os símbolos do Tarô servem a uma dupla finalidade: de alfabeto, com o qual o subconsciente pode soletrar seus significados, e para estimular a força inerente do subconsciente, assim como um disco perfurado "estimula" um computador eletrônico. Tudo se resume num intercâmbio recíproco.

Ao tirar as cartas, sem dúvida o elemento acaso é a parte mais duvidosa. O raciocínio lógico acha difícil admitir que cartas tiradas aleatoriamente do baralho possam ter algum significado real. [...] Seria interessante descobrir um novo método de consultar o Tarô que permitisse uma participação mais direta do subconsciente. Por exemplo, colocar o consulente num transe hipnótico, permitindo-lhe em seguida escolher uma série de cartas descobertas sobre a mesa, ou tentando fazê-lo consultar o tarô com o emprego da auto-hipnose.

– Colin Wilson, *Das Okkulte* [O Oculto]

Origem

Uma bela história, por certo inverídica, do místico francês Papus, nos conta:

> Há milhares de anos, o reino egípcio estava sob a ameaça de ser conquistado e destruído por um poderoso inimigo. Diante dessa ameaça e da catástrofe iminente, os sacerdotes do reino temiam que o conhecimento, arduamente conquistado ao longo dos anos, pudesse perder-se para sempre. Os sacerdotes hierarquicamente superiores reuniram-se em conselho, a fim de deliberar sobre como mantê-lo e transmiti-lo à humanidade, apesar da destruição e do aniquilamento.
>
> Um dos sacerdotes sugeriu que se entalhasse essa sabedoria nas paredes e nos muros das pirâmides na forma de desenhos e de símbolos. Sua sugestão, no entanto, acabou sendo recusada, com o argumento de que até mesmo as paredes mais fortes são construídas por mãos humanas, sendo, portanto, transitórias. Outro sacerdote quis escolher as dez pessoas mais sábias e inteligentes do país para iniciá-las nos Mistérios; elas, por sua vez, antes de morrer transmitiriam o conhecimento a outras que considerassem sábias.
>
> Contra esta sugestão, no entanto, outro sacerdote opôs o argumento: "A sabedoria não é um estado duradouro, e muitas vezes o sábio se transforma num tolo. Dessa maneira, a estabilidade do nosso conhecimento não estará segura. No entanto, há algo que é estável na humanidade: o vício. Portanto, devemos confiar nossos conhecimentos ao vício. Só assim poderemos ter a certeza de que ele sobreviverá a todas as intempéries e mudanças do tempo".
>
> Essa sugestão foi unanimemente considerada boa e eles passaram a desenhar todo o conhecimento reunido pelos sacerdotes nas imagens das cartas. Essas foram então distribuídas ao povo, que fez do jogo um dos seus vícios ou paixões prediletas.

Não há nenhuma certeza a respeito da origem das cartas, mas um grande número de hipóteses. O certo é que o jogo se difundiu na Europa com o aparecimento dos ciganos. Se estes de fato o trouxeram consigo, ou se ele provém do Egito ou da Índia, ou se tem uma origem totalmente diferente, ainda não ficou comprovado. Há alguns indícios de que ao menos as cartas dos Arcanos Menores surgiram na Europa durante a Idade Média.

Há menção do Tarô na Europa por ocasião de sua proibição na cidade de Berna, em 1367. Dez anos depois, esse aparecimento também foi documentado em Florença, quando surgiu sua primeira denominação como *Naibbi*, ou melhor, *Naibb*.

Nome

O nome Naibbi, ou melhor, Naibb, pode ter vindo do sânscrito, língua em que significa "Nabe" (ponto central da roda). Talvez a palavra alemã "Nepp" (logro) tenha a mesma origem.

No século XVI, surgiu pela primeira vez na Itália o nome *Tarocchi*. *Tarot*, por certo, poderia ser a forma francesa. Desde 1594, a corporação de desenhistas de cartas denominava-se, neste país, de *"tarotiers"*.

Na língua egípcia pode-se interpretar o nome Tarô como o caminho imperial: "Tar" = caminho, trilha, e "Ro" = rei, imperial. Entretanto, as diversas possibilidades de combinar a escrita da palavra de quatro letras permitem que se façam suficientes suposições sobre a origem e o significado do conteúdo:

TARO(T)
TORA = instrução, indicação (hebraico)
ORAT = a língua, a palavra (latim, *oratio*)
RATO = a concretização (latim, *ratus*)
ATOR = divindade egípcia da iniciação
ROTA = a roda do ser (latim)
OTAR = ouvir (grego, *otarion*)
AROT = trabalhar (grego, *arotos*)

Os Diferentes Decks

O *deck* que se presume seja o mais antigo dentre os conservados é o de Lâminas de Marselha, cuja origem remonta ao ano de 1760. Contudo, foi fixado na sua forma atual somente a partir de 1930.

O *deck* mais divulgado entre nós é o Tarô Waite-Smith, publicado em 1910 por Arthur Edward Waite (1857-1942). Esse por certo se fundamenta, em sua essência, nas obras de Éliphas Lévi (1810-1875), um dos mais famosos e sábios ocultistas da França. Foi desenhado pela artista gráfica Pamela Smith, cujas iniciais constam em cada carta. Waite era considerado uma "enciclopédia esotérica" e tinha a fama de ser um dos melhores conhecedores das bases do Rosacrucianismo. Suas cartas são visivelmente impregnadas por essa formação e pelo espírito da época vitoriana. Ele mesmo denominou suas lâminas de "Tarô corrigido". Em comparação com as outras apresentações mais antigas, ele tem a vantagem de ser, via de regra, ilustrado e, desse modo, mesmo nas "cartas sem trunfo" dos Arcanos Menores levar a um bom conteúdo de interpretação devido às suas figuras. Contudo, suas "correções" muitas vezes geram declarações diferentes do que no Tarô de Marselha ou em outros jogos mais antigos. É bom lembrar, entretanto, que, no geral, ele se ateve aos velhos modelos, bem ao contrário de Aleister Crowley (1875-1947), que editou seu Tarô nos anos 1940. Crowley, "o maior mago deste século", sentiu-se impelido a divulgar uma nova era (Hórus) e adequou suas cartas a esse ensinamento. Elas exercem um efeito muito intenso e fascinante, apesar de se distanciarem de todos os modelos antigos.

Definições dos Termos

Arcanos: plural da palavra latina *Arcanum* = segredo.
Os Arcanos Maiores: os 22 trunfos, com os números de 0 a 21.

Os Arcanos Menores: ao todo, são 56 cartas e compõem-se de: quatro séries de 14 cartas cada uma se dividindo em 10 cartas com números (Ás-10) e 4 cartas com figuras (Rei, Rainha, Cavaleiro e Valete).

Caminhos para Habituar-se às Cartas

Para uma boa familiarização com as cartas, é aconselhável primeiro dedicar-se exclusivamente aos 22 trunfos. O profundo simbolismo dos Arcanos Maiores serve como uma extraordinária introdução ao modo de pensar do Tarô, e o significado dos números de 1 a 10 é uma boa ajuda ao posterior entendimento dos números das cartas.

O próprio acesso ao significado das cartas pode ser descoberto com maior segurança na medida em que se escolhe para si mesmo uma carta diária, semanal ou mensal (naturalmente com a mão esquerda, a que vem do coração) e de preferência pela manhã, logo depois de se levantar. Para isso devem ser usados os 22 trunfos. Observa-se então ao que o tema da carta corresponde na vida cotidiana. Assim pode-se ter uma experiência pessoal significativa, comparando-se o resultado com as sugestões para interpretação apresentadas neste livro. Desse modo, surgiram as interpretações relativas às "experiências do dia a dia".

O próximo passo é usar o simples, mas significativo, método de tiragem nº 2, "A Cruz" (p. 298), que é jogado apenas com os 22 Arcanos Maiores.

Somente depois de nos familializarmos com os Arcanos Maiores é que devemos passar para os 56 Arcanos Menores. Ao menos esse é o caminho sistemático do Imperador (IV) ou do Eremita (IX). O Louco (0) – não há nenhuma nota pejorativa nisso – e a Sacerdotisa (II) com toda certeza farão outras sugestões.

A Interpretação das Cartas Invertidas

Interpretar cartas invertidas, ou seja, aquelas cartas que surgem de cabeça para baixo no momento em que são tiradas, é um assunto à parte. Existe uma multiplicidade de sugestões para que sejam contempladas de maneira negativa – ou, como é conhecida essa interpretação, o lado da "sombra". Eu mesmo apenas viro as cartas para a posição correta, pois considero parte das minhas atribuições e uma responsabilidade pessoal saber se devo considerar o tema do ponto de vista do seu lado luminoso ou sombrio. Se me pedirem, contudo, também as deixo invertidas e, nesse caso, as interpreto como uma força, uma qualidade, uma possibilidade etc., que na verdade existe, porém é de difícil acesso, não podendo ser usada da maneira correta.

Advertência: Este Jogo Não Serve de Substituto Para a Vida!

"Um cardápio de fato é muito útil: mas não substitui a própria comida."

– Allan W. Watts

Com muita frequência vejo pessoas que ficam consultando as cartas em vez de viver. É fácil reconhecê-las pois, antes de darem os passos desagradáveis necessários, ficam tirando cartas por tanto tempo até que ao menos uma carta "ruim" lhes dê a justificativa para adiarem suas decisões. Esse modo de vida, com toda certeza, leva ao Enforcado (XII).

As cartas tampouco devem ser vistas como uma declaração de um destino inevitável. Elas mostram como o seu futuro, uma situação etc. se desenvolverão se você continuar agindo como vem fazendo. Por meio de mudanças no agir, ou no modo de considerar as coisas, naturalmente também se modificará o transcorrer dos acontecimentos. É por esse motivo que surgem leituras diferentes das cartas se forem consultadas sobre o mesmo tema depois de determinados intervalos.

1

Os Arcanos Maiores

Instruções para o Uso

A interpretação dos trunfos, desde o Louco (0) até o Mundo (XXI), é elaborada com base no seguinte esquema:

Título: Contém o nome da carta em inglês e francês e sua tradução no alemão.

Arquétipo: Menciona a imagem primordial, o modelo mitológico ou lendário do tema da carta.

Letra: A letra hebraica que corresponde à carta, seu valor numérico (os desenhos das letras hebraicas são simultaneamente números), bem como o correspondente significado dos símbolos das letras.

Número: Indicações sobre a mística numérica.

Jung/Citações: Citações de Carl Gustav Jung entre outros, relativas ao círculo dos temas.

Imagens: Associações correspondentes aos temas.

Símbolo no Tarô de Marselha: Esclarecimento sobre o simbolismo do modo de ler cartas com o Tarô de Marselha.

Símbolo no Tarô de Waite: Esclarecimento dos símbolos diferenciados e adicionais do Tarô Waite-Smith.

Segundo plano: Apresentação dos elementos adicionais e informações em segundo plano, correspondentes aos temas.

Analogias: Sugestões em outras direções.

Mensagem: Uma mensagem que a carta deseja transmitir.

Qualidades, objetivos, sombra: Sugestões para entender e interpretar a carta segundo seu lado de luz e de sombra.

Interpretação tradicional:
    Positiva: Interpretação tradicional dominante da carta.
    Negativa: Significado tradicional quando a carta aparece invertida.

Síntese: Observação geral da carta.

Experiência cotidiana: Experiências feitas com esse tema na vida diária, em especial aqueles acontecimentos que, sensivelmente, abrem acesso ao tema das cartas.

História, excerto literário: Resumo tirado da literatura ou acontecimentos reais ou eventos descobertos que dão um melhor acesso emocional ao tema apresentado pelas cartas.

Estrutura dos Arcanos Maiores

O Louco (0), o único de todos os 22 trunfos que se conservou nos modernos jogos de cartas como o Coringa (*Joker*), tem uma posição especial. Pode ser considerado "O Herói" que percorre todas as outras etapas arquetípicas das 21 cartas:

I e II	Os pais celestiais do herói
III e IV	Seus pais terrenos
V	Sua formação
VI	A decisão de abandonar a casa dos pais
VII	A partida
VIII	A experiência da responsabilidade pessoal
IX	A procura do Si-mesmo
X	O encontro com o destino
XI	A tentação da força

XII	O encontro com o Si-mesmo
XIII	A compreensão de ter de se desapegar
XIV	O encontro da harmonia interior
XV	A tentação da licenciosidade
XVI	A frustração dos objetivos estabelecidos
XVII	Novas esperanças
XVIII	Os medos subjacentes
XIX	A triunfante vontade de viver
XX	A descoberta do tesouro
XXI	O reencontro do paraíso

As etapas I-VII correspondem de maneira espantosa ao modo como é estruturado o conteúdo do livro *Ursprungsgeschichte des Bewusstseins** de Erich Neumann, em que ele, com base nos estados mitológicos do desenvolvimento, tanto do consciente coletivo como do individual, descreve:

1. A **uroboros:** Na sua forma masculina e feminina, o Mago (I) e a Sacerdotisa (II).
2. A **Grande Mãe:** A Imperatriz (III).
3. Separação **dos pais originais:** O Imperador (IV) – Afastamento da natureza.
4. O **nascimento do herói:** O Hierofante (V) – Despertar da consciência.
5. O **matricídio:** Os Enamorados (VI) – Libertação da Mãe.
6. O **patricídio:** O Carro (VII) – Percorrer o próprio caminho.

---

* *História das Origens da Consciência*. São Paulo: Cultrix, 2ª edição, 2022.

O Significado dos Números 0, 1 e 2

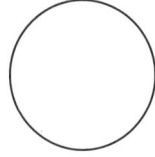
0 = O estado irrevelado. O círculo perfeito como símbolo do estado paradisíaco original. Aquilo que, nos mitos, aparece antes do início e é redondo, o ovo, o colo ou o que é descrito como uroboros (a serpente que morde a própria cauda).

1 = O impulso, Yang, a força da extroversão da criação. Símbolo do homem que anda ereto, que sai do zero (0) e o divide em:

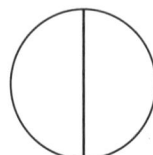
2 = O mundo revelado. A força feminina, Yin, o princípio passivo, receptivo, fértil. Símbolo da dualidade e da dúvida.

Dessa figura podemos tirar as seguintes conclusões:

– 1 e 2 se pertencem. A existência do um causa a existência do outro (Lei da polaridade).
– 1 e 2 necessitam um do outro: o impulso (1) sem a força que o aceite (2) dá em nada, fica sem efeito. A força receptiva (2) sem o impulso (1) fica estéril para sempre.
– 1 e 2 são de igual valor.
– 1 e 2 ainda não causam a multiplicidade, pois 1 x 2 = 2. Somente por meio da união (1+ 2) é que surge o 3, por intermédio do qual se tornam possíveis a multiplicação e a primeira figura geométrica (triângulo), bem como se atinge a terceira dimensão.

William Blake representou esse passo triplo 0-1-2 em seu quadro sobre a Criação.

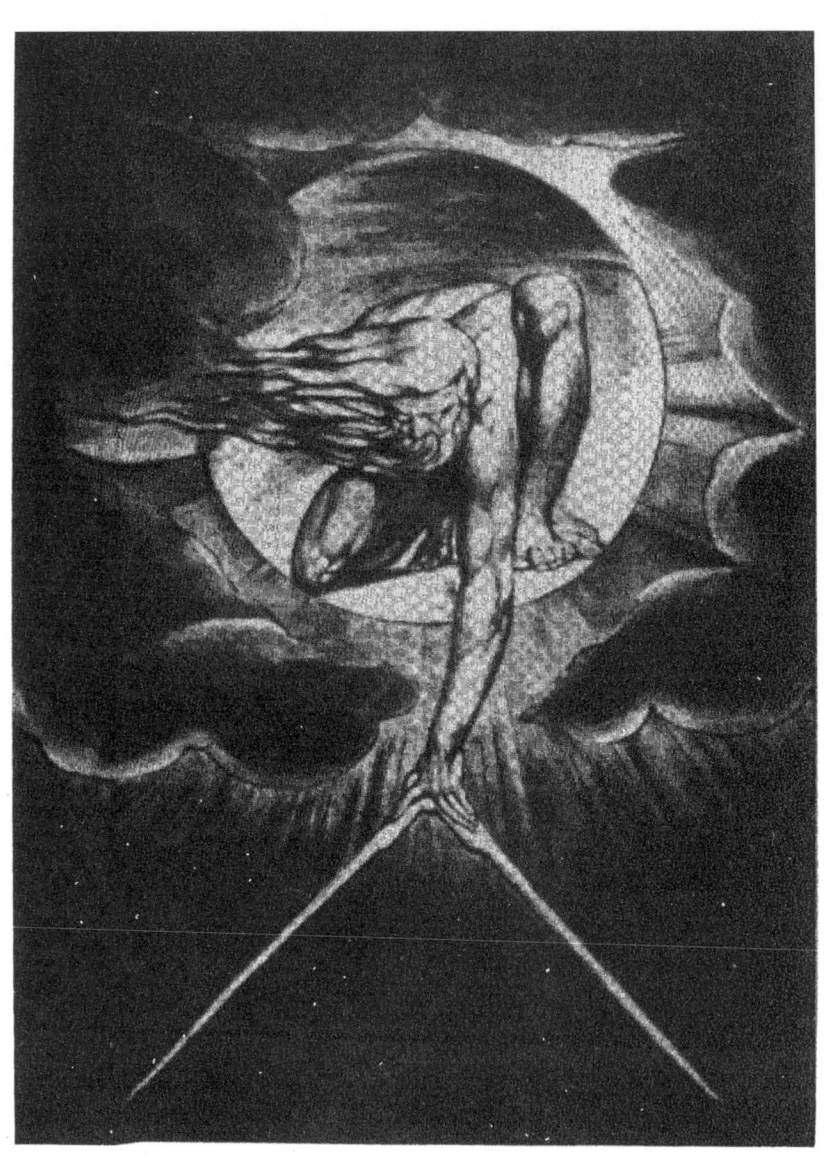

Apresentação dos 22 Arcanos Maiores do Tarô

0
O LOUCO
The Fool – Le Mat
Em alemão: *Der Narr* (O Bobo)

Arquétipo: A criança.

Letra: Tau = T, símbolo = peito ou colo. Valor numérico = 400.

Número: 0 é o estado irrevelado. A totalidade original. O paradoxo que nunca é nada. O número que não pode ser modificado, quer por multiplicação quer por divisão. O estado antes do início.
Na série de números –3, –2, –1, 0, +1, +2, +3, o zero (0) fica no lugar dos números inteiros femininos, o que lhe dá o valor simbólico correspondente ao do ovo.

Citações:
"Realizar-se na vida não significa ter seus sonhos ingenuamente concretizados. Pode ser bom lembrar-se deles, mas só para que nenhum desejo ou

esperança sejam destruídos cedo demais. Quem quer salvar todas as fantasias da infância sobre a felicidade, levando-as para a vida adulta, nunca se tornará uma pessoa amadurecida. No entanto, quem as sufocar antes que sejam concretizadas ou postas de lado pelos acontecimentos transforma-se num velho. Viver de verdade significa concretizar ou renunciar a algo com consciência, conquistar e despedir-se, ser feliz e sofrer."

– Philipp Metman

"Não temam o caos, pois do caos sempre nasce algo. Em vez de se preocuparem com uma situação caótica, esperem o nascimento. Quando nosso bom senso se torna caótico – ou talvez o meu o seja – então isso acontece porque é impossível ver a totalidade."

– Carl Payne Tobey

Imagens: O louco da aldeia, o palhaço (triste), o brincalhão, o bobo da corte, o *alter ego* do rei (King Lear), o coringa (*Joker*), o doido, tolo, o moleque, o sonhador; fazer-se de bobo, o andarilho, Till Eulenspiegel, o insolente.

Símbolos no Tarô de Marselha: A bolsa com o ovo do mundo, o pacote de conhecimento não usado, o cão como a voz do instinto. O capuz do Louco. O cão morde a parte inferior da coluna vertebral, o primeiro chakra, e com isso desperta a kundalini, a energia cósmica ou o fogo em repouso.

Símbolos do Tarô de Waite: O Louco não tem capuz, o cão não o morde, ele carrega uma rosa branca (pureza e inocência), o sol brilha, mas ele corre o risco de cair no abismo. Segundo Waite, tem-se a impressão de que será apanhado por um anjo e que seu rosto irradia inteligência e serenidade. O espírito em busca da experiência.

Segundo plano: O caos como um sistema. Em um experimento, colocaram-se cinco abelhas e cinco moscas em garrafas, que na verdade estavam abertas; entretanto, elas tinham o fundo colocado de encontro a uma vidraça clara. Sabe-se que os animais se orientam pela luz; de fato, as abelhas logo começaram sistematicamente a examinar o fundo da garrafa a fim de encontrar uma saída. Se não fossem libertadas, teriam continuado até morrerem de exaustão. Na garrafa com as moscas, ao contrário, imperava uma desordem caótica. Não demorou nem cinco minutos até a última mosca – por acaso – encontrar a saída.

Analogias: O círculo, a uroboros, o estado primordial, a infância.

Mensagem: Quem não tiver um objetivo fixo não poderá se perder.

Qualidades: Espontaneidade, despreocupação, admiração, saudade, espírito aventureiro.

Objetivos: Alegria, prazer, novidade.

Sombra: Infantilidade, o caótico.

Interpretação tradicional:
   Positiva: A escolha intuitiva acertada, novo impulso, potencial criativo. Um novo ciclo, que é abordado de maneira inexperiente. O louco que há dentro de nós.
   Negativa: Imprudência, malogro. Trocar a própria identidade com a de outro. Caos, desregramento, abuso de drogas, imaturidade, preguiça, irresponsabilidade, medo do desenvolvimento.

Síntese: O Louco foi o único trunfo que conseguiu sobreviver, isto é, também é encontrado nos baralhos atuais em que surge como o

Coringa. Como seu número 0 não tem lugar estabelecido no jogo, tal como o Coringa, pode substituir qualquer carta.

Muitas vezes é visto como o herói, que percorre todas as 21 etapas arquetípicas dos Arcanos Maiores, para em seguida começar outra vez no próximo campo de experiência. Por essa razão, Waite o denomina de "o espírito em busca de experiência". O que o conduz é sua curiosidade, sua falta. Sem preconceitos, ele segue espontânea e despreocupadamente, com uma ingenuidade pura, o seu caminho repleto de surpresas. Ele é a criança adorável que dá vida à nossa existência. Pode ser que brinque, que ria, que sonhe e se alegre sem ter nenhum juízo. Do ponto de vista dos adultos, ela só tem coisas estúpidas em mente, que deveria reprimir. Portanto, é sorte nossa que ela apenas se sinta intimidada, mas que não permita que a destruam; exatamente quando o nosso Eu não conta com isso, ela nos prega uma peça tirada do baú de tolices e nos desconcerta totalmente, fazendo com que nossos firmes conceitos e esperanças sejam transformados em papel velho em um abrir e fechar de olhos. Quando somos vítimas de uma peça, podemos rir ou chorar – dá no mesmo – só que a vida com riso é mais divertida. O caos que ela ocasiona muitas vezes tem algo de agradavelmente libertador e nos fornece um ponto de partida totalmente novo que, em comparação com os nossos planos originais, é vivo e muito solto.

Se quisermos ter mais alegria em e com a nossa vida, então teremos de transformar o louco que há em nós em um amigo.

Experiência cotidiana: Uma época maluca. Viver o caos completo. Com ingênuo frescor e completa despreocupação abordar novas experiências e tarefas. De repente, ter surpresas, alegrar-se com a vida, brincar.

Um homem está sentado num café ao ar livre. Mal quer acreditar em seus olhos, quando vê, sentada a uma mesa próxima, a mulher dos seus sonhos. Febril, começa a imaginar qual seria o melhor meio de abordá-la. Gotas de suor porejam de sua testa, assim que toma consciência de que se trata de uma oportunidade única. Nenhuma das conversas costumeiras de abordagem é digna da situação. Por fim, descobre as palavras mais ou menos apropriadas. Depois de repeti-las mil vezes, levanta-se com o coração batendo forte e vai a passos lentos até a mesa daquela beldade. Como em um filme de péssima qualidade, ouve-se repetindo as palavras. Ao fazê-la, inclina-se para a mulher que está sentada. Mas a tábua da mesa em que se apoia não está presa. Ela cai, e o café e o bolo escorregam diretamente para o colo da adorada. Segundos de silêncio constrangedor, que lhe parecem séculos, se passam, até que ambos subitamente têm um acesso de riso. O encontro passa a ser uma experiência muito agradável.

História:

Era uma vez um homem que se perdeu no país dos tolos. Em seu caminho viu gente fugindo de um campo em que pretendiam cultivar trigo. Contaram-lhe que havia um monstro no campo. Ao olhar para lá viu que se tratava de uma melancia.

Ele se ofereceu para matar o monstro, cortou a fruta e começou a saboreá-la. Ao vê-lo comendo a fruta, as pessoas ficaram com muito mais medo dele do que da melancia. Gritaram: "Se não nos livrarmos logo dele, seremos comidos em seguida", e o enxotaram dali. Em outro dia, um viajante se perdeu naquele país e também encontrou as pessoas apavoradas diante do citado monstro. Mas, em vez de oferecer-lhes ajuda, fez de conta que concordava com elas, fugindo do monstro, o que lhes conquistou a confiança. Viveu entre elas durante muito tempo, até que, finalmente, pouco a pouco, pôde lhes ensinar aquelas ações simples, que as capacitou não só a perder o medo de melancias, mas também a plantá-las.

– Conto Sufi

I
O MAGO

The Magician; The Juggler – Le Bateleur
Em alemão: *Der Magier* (O Mágico);
Der Gaukler (O Prestidigitador)

Arquétipo: O mago.

Letra: Aleph = A, símbolo = ser humano (Adão), Onipotência. Valor numérico = 1.

Número: 1 = A unidade revelada; o homem que anda ereto, o impulso, Yang, a força da extroversão.

O número que está contido em todos os outros = a unidade na multiplicidade.

Citação de Jung: "Magia, milagres e fenômenos parapsicológicos têm algo em comum: os participantes aguardam, repletos de esperança."

Citações:

"Cada vez que algo me comove profundamente, seja poesia, música ou paisagem, tomo consciência de que vivo em um universo significativo, que merece de mim mais do que as pequenas preguiças que manifesto na vida diária."

– Colin Wilson

"Quem usar sua liberdade instintiva e sua capacidade de jogador, quem olhar com superioridade para a grandeza e a miséria humana, e ignorar os impulsos mais nobres usando sem inibições ou bloqueios os entrelaçamentos perturbadores e insolentes de sua alma fazendo dos semelhantes instrumentos do seu jogo, espicaçando-os até que cheguem às últimas consequências do seu caráter, para depois, com cínica bondade, perdoá-los, este tem de ser um membro do jovial maquiavelismo, um mago aparentemente caloroso, embora essencialmente frio. Este elevará o padrão de vida à sua volta, distribuirá felicidade ou infelicidade, curará paralisias e, sem ser tocado pessoalmente por nada, destruirá endurecimentos no centro mais recôndito da sua ambição. Pois a ele mesmo não é dado ser feliz ou infeliz, pois terá apenas prazeres ou contrariedades, que saboreará como bons ou maus alimentos, derretendo-os gostosamente na língua ou cuspindo-os fora, tal como gosta de fazer em seu ilimitado despotismo."

– Philipp Metman

Imagens: O Criador, o mestre, o prestidigitador, Hermes Trismegisto, o pai celestial, o redentor, o charlatão, o alquimista, o curador, o gatuno, o curandeiro.

Símbolos no Tarô de Marselha: A Lemniscata (∞) indicada pelo chapéu como símbolo da perfeição. A mesa com quatro cantos = o âmbito da realidade; sobre ela, entre outras coisas, os quatro instrumentos mágicos, que correspondem aos quatro naipes do Tarô (Bastões, Espadas, Taças e Moedas). Dão indicações sobre o futuro: O Mago é o mestre da realidade e senhor do seu destino.

Símbolos no Tarô de Waite: O jardim de flores = o âmbito do inconsciente. Rosas vermelhas e lírios brancos = amor divino e pureza da alma, luz.

Como cinto, a serpente que morde a própria cauda (uroboros) = eternidade e perfeição da alma.

O bastão e os braços = ligação do superior com o inferior. Túnica branca = pureza. Capa vermelha = discrição.

Segundo plano: Assim como o 1 necessita do 2, a unidade da vontade consciente e inconsciente é a base de todas as forças mágicas.

A palavra mago faz referência ao estado clerical persa do mago tirado do zoroastrismo (Zaratustra).

"Os magos compunham uma ordem mística de extraordinária pureza = um elo de ligação natural entre os xamãs da Idade da Pedra e as culturas mágicas tumultuosas da civilização urbana. Por meio deles revelava-se a necessidade que os homens tinham de dominar seu destino animalesco e "olhar por trás do véu."

– COLIN WILSON

Analogias: Fogo (quente, claro, brilhante), Sol, eventualmente Mercúrio, o centro, a pedra filosofal, Castañeda.

Mensagens: Faça o que tem de fazer!
Liberte a obra artística da pedra tosca, liberte as ideias do seu estado rudimentar.

Assim em cima como embaixo.

Qualidades: Esperteza, habilidade, força de imaginação, sabedoria, ideias, atividade, poder, iniciativa, autoconfiança, poder de influenciar, ilimitada sede de atividade.

Objetivos: Influência, conhecimento, estabelecer a ligação com o grande um, dominar as provocações.

Sombra: O embuste, o mau uso do poder, *hybris*, charlatanismo, magia negra.

Interpretação tradicional:
   Positiva: Autorrealização, unificação da vontade pessoal com a de um sentido mais elevado, maestria, poder, sabedoria, domínio, capacidade, novo impulso, força, concentração.
   Negativa: Mau uso destrutivo do poder, paralisação, indecisão, falta de concentração, charlatanismo, traição.

Síntese: Esta carta mostra força sobrenatural, maestria e possibilidade de exercer influência. Contudo, não se trata do desejo obstinado que leva à meta, mas da crença quase incontestável na própria força e capacidade, tal como só é possível quando há harmonia entre a vontade consciente e a inconsciente. Desse segundo plano surge uma enorme força sugestiva que, como autossugestão, permite que se alcancem as metas, além de ser possível usá-la de maneira efetiva para influir sobre os demais. A vivência dessa força faz com que problemas cotidianos pareçam triviais e imprime uma profunda confiança no significado superior da vida. Dessa maneira são vencidas as provas, as exigências são dominadas e o transcurso dos acontecimentos é efetivamente influenciado. Mas exatamente aqui se torna visível o lado sombra da carta. O mau uso dessas forças é tentador:

a) A autossugestão torna-se duvidosa quando as fórmulas sugeridas provêm do medo da vida e quando pretendem fazer das pessoas perfeccionistas em ação.
b) A manipulação dos outros para alcançar vantagens unilaterais não só é duvidosa mas, em longo prazo, provoca perda de confiança.

Experiência cotidiana: Uma época de vontade objetiva e de grande sucesso. Resolver (brincando) os problemas do dia a dia. Manifestar-se com grande convicção. Ter forte influência sobre os outros, respectivamente podendo mudar o curso dos acontecimentos. Por meio de meditação etc., ficar ligado a uma grande fonte de energia.

História:

O Príncipe e o Mago.

Era uma vez um jovem príncipe que acreditava em tudo, com exceção de três coisas: em princesas, em ilhas e em Deus. Seu pai, o rei, dissera-lhe que essas coisas não existiam. E, visto que no reino do seu pai não havia princesas ou ilhas, nem indícios de um deus, o jovem príncipe acreditou em seu pai.

Certo dia, porém, o príncipe fugiu do palácio real. Chegou ao reino vizinho. Lá, cheio de admiração, viu que havia ilhas de qualquer ponto da costa que olhasse. Nessas ilhas percebiam-se algumas criaturas que não teve coragem de denominar. Enquanto procurava um bote, um homem vestido com um fraque veio ao seu encontro na praia.

– Aquilo são de fato ilhas? – perguntou o príncipe.

– Mas é claro que são ilhas verdadeiras – respondeu o homem de fraque.

– E aquelas criaturas esquisitas e perturbadoras?

– São princesas legítimas.

– Então Deus também deve existir! – bradou o príncipe.

– Eu sou Deus – respondeu o homem de fraque fazendo uma reverência.

O príncipe voltou para casa tão depressa quanto pôde.

– Ei-lo de volta – disse seu pai, o rei.

– Vi ilhas, vi princesas e vi Deus – disse o príncipe com um tom de voz recriminador.

O rei manteve-se imperturbável.

– Não há ilhas verdadeiras, nem princesas, nem Deus.

– Mas eu os vi!

– Diga-me como Deus estava vestido.

– Deus estava usando traje a rigor, um fraque.

– As mangas do fraque estavam arregaçadas?

O príncipe lembrou-se de que isso era verdade. O rei sorriu.

– Esse é o uniforme dos magos. Você foi enganado.

Depois disso, o príncipe voltou ao país vizinho e foi à mesma praia, onde o mesmo homem de fraque foi ao seu encontro.

– Meu pai, o rei, me contou quem você é – disse o jovem príncipe indignado. – Você me enganou da outra vez, mas não desta. Agora eu sei que não existem ilhas e princesas verdadeiras e que você é um mago.

O homem da praia sorriu.

– Não, você não foi enganado, meu rapaz. No reino do seu pai há muitas ilhas e princesas. Mas você foi enfeitiçado por seu pai, por isso não pode vê-las.

O príncipe voltou para casa pensativo. Quando avistou o pai, olhou-o bem dentro dos olhos.

– Pai, é verdade que você não é um rei de verdade, mas apenas um mágico?

O rei sorriu e arregaçou as mangas.

– Sim, meu filho, sou apenas um mago.

– Mas preciso conhecer a verdade, a verdade que transcende qualquer magia.

– Não há verdade além da magia – disse o rei.

O príncipe ficou triste. E disse:

– Vou me matar.

Então o rei, com sua magia, chamou a morte à sua presença. A morte ficou de pé na porta e acenou para o príncipe.

O príncipe estremeceu. Lembrou-se das ilhas maravilhosas, embora irreais, e das princesas que, embora imaginárias, eram magníficas.

– Pois bem – resolveu –, posso suportá-lo.

– Você vê, meu filho – disse o rei –, você está prestes a se tornar um mago também.

– Citação do livro de John Fowles: *The Magus* [O Mago]

II
A SACERDOTISA
A PAPISA

The High Priestess; The Popess – La Papesse
Em alemão: *Die Hohepriesterin* (A Suma
Sacerdotisa); *Die Päpstin* (A Papisa)

Arquétipo: A donzela.

Letra: Beth = B, símbolo = boca, fala, casa. Valor numérico = 2.

Número: 2 = A dualidade, divisão em sujeito e objeto, o semicírculo, o número da alternativa desejável ou os dois casos (caso duplo). A primeira dúvida, na qual a Bíblia conta que Eva "teria dito que Deus" expulsou e ainda hoje expulsa as pessoas do paraíso da pacífica despreocupação (desespero). Ao mesmo tempo, possibilita apenas dúvidas meticulosas sobre conhecimentos elevados (a maçã).

Citação:
"O 2 representa dúvida, discórdia; é desunião, divergência, hibridismo. O 2 é a fruta gêmea na árvore; é doce e amarga."
— Friedrich Rückert, *Weisheit der Brahmanen*
[A Sabedoria dos Brâmanes]

Imagens: O aspecto feminino de Deus, Ísis, Astarte, a Virgem Maria, Sophia, a concepção, a freira, a Mãe Celeste.

Símbolos no Tarô de Marselha: A faixa amarela = aceitação do destino, também a ligação entre o direito e o esquerdo, o consciente e o inconsciente.

Símbolos no Tarô de Waite: Ísis, a tríplice deusa da Lua (a coroa com as três fases da Lua).
Lua crescente = a virgem com chifres dedicada à Deusa.
Lua cheia = A Sacerdotisa, como representante da Deusa.
Lua minguante = a mensageira da morte.
Shekinah – a noiva espiritual do homem correto.
Símbolo da presença de Deus. Grande bom senso.
Tora = a superior, a lei secreta, o livro dos mandamentos de Moisés.
As duas colunas do Templo de Salomão, Boaz (isto é, "nele há força") e Joaquim (isto é, "ele criará"), em que Boaz é igualada à Lua crescente (crescimento e bênçãos) e Joaquim, à Lua minguante (decadência e maldição). Assim, as colunas são símbolos da força vital positiva e negativa.
B e J também foram indicações de Baal e de Jeová, bem como de João Batista (o Batizador).
As cores preta e branca representam os dois lados da deusa da Lua: Ísis e Ártemis também foram apresentadas como a deusa alva e a

deusa negra. Da mesma maneira, Maria é venerada em muitos lugares como a Madona Negra.

As colunas se abrem como flores para cima, o que simboliza a disposição de conceber.

A capa com palmas e romãs. Romãs como símbolo da beleza feminina, da fertilidade e da abertura sexual: a mordida que Eva deu na maçã, Branca de Neve e Perséfone. As palmas representam a sexualidade masculina, a renovação. A capa, que tem de ser rasgada a fim de que se possa chegar ao mar do conhecimento.

A disposição da árvore de romãs na forma da Árvore da Vida.

Analogias: O conhecimento lunar, que nos é trazido quando nos encontramos em estado de vigília pelo consciente, que não oferece resistência aos sonhos, ideias, intuições e mensagens do âmbito inconsciente.

O Espírito Santo (em hebraico, corresponde ao sexo feminino) que, segundo Gênesis 1:2, flutuava sobre a água (e continha o potencial da criação). Maria (isto é, a do mar) como o recipiente físico em que a ideia foi encarnada.

Mensagem: A força feminina oculta, que dispensa o conhecimento. Inscrição na coluna de Ísis em Sais: "Eu sou tudo o que foi, o que é e o que virá a ser. Nunca um homem saberá o que se esconde por trás do meu véu". Muitos honram e veneram a força divina, mas somente por intermédio da mulher essa força se torna carne.

Qualidades: Instinto, intuição, paciência, persistência, amor, doçura, bondade, piedade. As forças ocultas, a preservação do antigo. Fertilidade, alimento que dá vida. Espera.

Objetivos: Conhecimento intuitivo, sabedoria espiritual, consolo. Multiplicação da sabedoria (lunar) intuitiva. Confie na sua intuição.

Sombra: Fantasia, loucura, fuga da realidade, temperamento instável, indecisão, dúvida, falsidade, medo da vida.

Interpretação tradicional:
Positiva: "Carta de proteção", boa intuição, felicidade, fantasia, sabedoria. Forças auxiliadoras do inconsciente.
Negativa: Egoísmo, superficialidade.

Síntese: A Sacerdotisa representa o reino da sabedoria irracional. Ela rege as forças inconscientes, intuitivas: Ajuda a intuir as correspondências que a inteligência não consegue captar. Pode fazer coisas para as quais não parece haver explicação (por exemplo, sucessos de cura, sonhos premonitórios etc.).

Seu mundo é o da sabedoria lunar. Esse é o reino entre o consciente em estado de vigília e de sono, que subitamente e de maneira inexplicável faz com que se saiba de acontecimentos dos quais nossa inteligência ainda não pode saber nada. É a clarividente e a curadora que existe em nós.

Mas, justamente pelo fato de essas experiências serem tão inexplicáveis, são postas em dúvida pelo nosso bom senso, são ridicularizadas e racionalmente descartadas como asneiras. Desse contraste entre conhecimento solar (isto é, racional) e lunar (isto é, intuitivo) surgem dúvidas e indecisões tendo em vista nossos objetivos e nossas ações. No entanto, é errado considerar a Sacerdotisa como a que duvida, bem como o Mago, o representante do princípio solar. Só a concorrência antagônica de ambos é que faz surgirem dúvidas. Ao contrário, atuação recíproca fecunda é o segredo da força mágica dos dois. Quando o Mago é o cinzel, a Sacerdotisa é a pedra em que está oculta a obra de arte.

No decurso do tempo, a Sacerdotisa passou por uma visível modificação: tal como a da virgem (a mulher originalmente independente do homem), sua imagem se transforma da imagem da deusa da Lua, insaciável, temperamental, sequiosa de vida e sensual, na imagem da Virgem Maria, uma madona imaculada.

Como mãe de Deus, Maria foi venerada como Diana na Grécia, Ísis no Egito, Shekinah na Palestina, Astarte, Ester, como a sucessora de Ishtar que imperava em Nínive há seis mil anos, onde era chamada de "A Prostituta", caso em que esse tipo de abordagem por certo significava tudo, menos uma decaída.

Experiência cotidiana: Uma fase de espera e de disposição para aceitar e interpretar os impulsos exteriores. Ter paciência, mas ser também submetido a provas de paciência. Vivências telepáticas, conhecimentos intuitivos, processos de cura, sonhos com o futuro; contudo, também, dúvidas atrozes.

História:
Parsifal Adormeceu

No entanto, pensou ter sido acordado por um movimento do cavalo; e, ao abrir os olhos, viu Allat erguer a cabeça para o alto e fitá-lo com seus belos olhos grandes:

– Por que, Parsifal – disse o cavalo –, por que fincas as esporas em minhas ancas com tanta crueldade depois de um dia tão longo e cansativo? Se ao menos soubesses como dói!

Parsifal não respondeu, pois estava mudo de assombro ao ouvir o animal falar. Contudo, Allat continuou:

– Não deves pensar que te quero mal por isso. És meu senhor, e meu único objetivo na vida é obedecer-te, servir-te e aturar pacientemente tudo o que me fizeres. Desde que me mantenhas a teu lado até o fim da minha vida, serei feliz. Mas, querido amo, és tão insensato! Se tivéssemos virado à direita quando chegamos à planície, em meia hora teríamos chegado a uma boa casa, cercada por árvores frutíferas e em que moram pessoas boas; poderias ter comido e bebido e conseguido uma boa cama para dormir, em vez de teres de deitar-te no chão frio com o estômago vazio; e para mim, teriam dado magnífica aveia, e amanhã eu poderia cavalgar com denodo...

– Não acreditas no que digo? Ah, sabes, com meu narigão pude farejar a casa de longe. Que as pessoas que lá moram são boas, isso me disse o meu coração; pois assim como pressentimos mais que vós, também adivinhamos com o coração muito mais coisas do que os homens podem supor; pois, deixa-me dizer-te a verdade, já que tenho a liberdade de falar contigo francamente ao menos esta vez. Apesar de todas as leituras, as escritas e os cálculos que os homens fazem, eles me parecem bastante tolos! Não é pelo fato de não teres pressentido nada sobre a tal casa, mas pelo fato de não teres entendido a minha mensagem quando te falei sobre ela.

Parsifal continuava mudo de espanto.

– Bem – Allat continuou a falar – no lugar em que deveríamos nos desviar, eu te adverti: falei-te tão claramente como um homem teria falado... isto é, desculpa-me, tão claramente como só um cavalo pode falar: eu relinchei, olhei para ti e fiz sinais com a cabeça! Sim, tenho a certeza de que até o meu primo, o burro, teria me compreendido (além disso, eu nem precisaria contar nada a ele, pois acho que é bastante esperto para perceber sozinho!). E tu? O que fizeste? Se me recordo bem, me chamaste de "animal preguiçoso" e em seguida me fincaste as esporas!

– Ah, perdão meu querido, bom e leal amigo! – falou finalmente Parsifal. – Tu bem vês, já estou sendo castigado pela minha má ação, pois estou passando fome e frio! Mas, antes de tudo, dize-me, desde quando sabes falar?

Allat deu um suspiro profundo.

– Ah, esses homens! Lá vêm eles outra vez! Desde quando sei falar? Bem, mas isso é totalmente natural: eu sempre soube. Como pode haver um animal que não saiba falar? Não fui eu que aprendi a falar de repente: foste tu que, finalmente, aprendeste a entender a minha linguagem.

III
A IMPERATRIZ
The Empress – L'Impératrice
Em alemão: *Die Kaiserin* (A Imperatriz);
Die Herrscherin (A Dominadora)

Arquétipo: A mãe.

Letra: Ghimel = G, símbolo = a mão que segura, camelo, pescoço. Valor numérico = 3.

Número: 3 = a união dos opostos (Yin/Yang, Fogo/Água). O número que equilibra. Três pontos contribuem para dar estabilidade. Segundo Pitágoras, o primeiro número real. 1 e 2 são *essenciais*, mas não correspondem a nenhuma figura geométrica e, portanto, à realidade física. A vibração primordial, a unidade que se repete constantemente.

O número 3 é o primeiro que possibilita a multiplicidade (multiplicação) e a espacialidade (3 dimensões). Nunca dois sem um terceiro.

O 3 cria um novo âmbito estável, na medida em que não nega a polaridade entre 1 e 2, mas a ultrapassa. Ele representa o princípio reconciliador entre a polaridade precedente, que, no entanto, também é outra vez o ponto de partida para o próximo passo triplo (por exemplo, pai + mãe = filho, tese + antítese = síntese). Essa vibração primordial, ou o ritmo do desenvolvimento divino, é representada pela equiparação mística 3 = 1 e, no exemplo da escada, é representada da seguinte maneira:

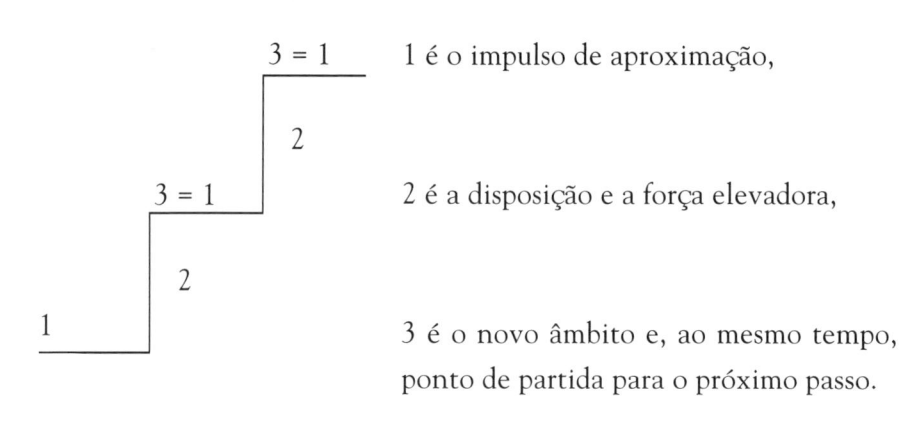

3 = 1   1 é o impulso de aproximação,

2

3 = 1   2 é a disposição e a força elevadora,

2

1   3 é o novo âmbito e, ao mesmo tempo, ponto de partida para o próximo passo.

Citação:
"O Tao gera o 1. O 1 gera o 2. O 2 gera o 3. O 3 gera todas as coisas."
– Lao-Tzu, Tao-Te-King

Imagens: Eva, a Madona, a que dá à luz, a esposa, Mãe-Terra, a natureza, a fonte.

Símbolos no Tarô de Marselha: A águia dourada = força espiritual, mão sobre o ventre = conhecimento intuitivo.

Símbolos no Tarô de Waite: A Mãe Natureza com o diadema feito de doze estrelas para os doze meses do ano = Imperatriz das estações do ano. No escudo, o sinal de Vênus; na mão o cetro com a esfera, como símbolo do mundo = o paraíso terrestre.
O campo de trigo = fertilidade abundante.
O rio = o sempre constante fluxo da força vital.

Analogias: O matriarcado, o lactente, a natureza, a lavoura, Vênus, as leis da natureza, o mundo dos sentimentos.

Mensagem: Cada nascimento significa dor e sangue para a nova vida. A força do amor une os opostos e permite que o novo nasça.

Qualidades: Descobrir o novo, segurança, proteção, calor, criatividade.

Objetivos: Desconfiança, crescimento, multiplicidade.

Sombra: A mãe terrível que devora, a madrasta.
O terremoto, a erupção do vulcão, o dragão.
Kali (esposa de Shiva, sedenta de sangue), Medusa, a bruxa, a *femme fatale*. Matagal, arbitrariedade, caos.

Interpretação tradicional:
Positiva: Ambição, fecundidade, gravidez, criatividade, sucesso, saudade.
Negativa: Saúde fraca, carência de energia, insensatez.

Síntese: A Imperatriz representa a natureza em farto crescimento e também a criatividade, a proteção, a nutrição e os cuidados. Representa ainda todas as forças perturbadoras ou destruidoras da natureza. No sentido do seu número 3, ela resulta na união dos opostos (1 e 2), trazendo o novo ao mundo e criando um novo ponto de partida para o passo seguinte do desenvolvimento. Por trás da igualdade 3 = 1 está a imagem: pai + mãe = filho; visto que na geração seguinte o filho se torna o pai (3 = 1). Como isso pertence à regularidade das leis de desenvolvimento, o 3 também é chamado de "a vibração primordial divina" e é encontrado como a trindade em todas as religiões altamente desenvolvidas, como:

1 = o princípio que dá impulso,
2 = o princípio que recebe,
3 = o princípio novo que equilibra, muda e desenvolve.

Experiência cotidiana: Uma fase extraordinariamente criativa. Uma época em que um problema, por muito tempo oculto, será por fim consciente e claramente reconhecido. Ter novas ideias. Criar situações novas.

Fortes tensões interiores que podem ser expressas por meio da música, da poesia, das ideias, dos trabalhos manuais etc.

Uma intensa discórdia com o desejo infantil.

Literatura: Apenas uns poucos passos, e já fomos agredidos pelo aroma dos arbustos de losna. Sua lã cinzenta cobria as ruínas a perder de vista. Seu sumo cozinha no calor e espalha sobre toda a região uma nuvem de aroma que sobe até o Sol e faz o céu estremecer. Caminhamos rumo ao amor e ao prazer. Não procuramos ensinamentos nem a sabedoria dos grandes. O Sol, os beijos e o aroma inebriante – todo o resto nos parece sem sentido. Não quero ficar aqui sozinho. Muitas vezes vim até aqui com as que amei, e li em seus rostos o sorriso brilhante do amor. Aqui deixo que os outros pensem em contenção e ordem, e pertenço inteiro à independência desregrada da natureza e do mar. Nesse casamento das ruínas e da primavera, as

ruínas se transformaram outra vez em pedras, perderam o polimento forçado que lhes foi imposto pelos homens e se integraram à natureza. E esta espalhou prodigamente flores, a fim de festejar a volta dessas filhas perdidas.
– CAMUS, *Hochzeit des Lichts* [O Casamento da Luz]

Três:

Tese – antítese – síntese
Pai – mãe – filho
Positivo – negativo – neutro
Rajas – Tamas – Sattwa
Passado – futuro – presente
Sim – não – talvez
Começo – meio – fim
Raiz – tronco – coroa
Esfera solar – luz solar – calor solar
Átrio – santo – *sancta santorum* (templo)
3 grandes pais – Abraão, Isaque e Jacó
3 filhos de Noé – Sem, Cam, Jafé
3 filhos de Adão (e Eva) – Caim, Abel e Sem
3 dias e 3 noites Jonas ficou no ventre do peixe
3 vezes Jesus foi negado por Pedro
3 Reis Magos
Em 3 lugares se rompe a cortina do Templo
Ressuscitou dos mortos ao 3º dia.

3 Divindades:

Trindade – cristã (santo, santo, santo)
3 irmãos – Zeus, Posêidon, Hades (grego)
Júpiter, Netuno, Plutão (romano)
Brahma, Vishnu, Shiva (hindu)

Osíris, Ísis, Hórus (egípcio)
Wodan, Donar, Ziu (germânico)
3 deusas gregas da Lua – Ártemis, Selene, Hécate
Anu, Enlil, Ea (sumério)
Samasch, Sin, Ishtar (babilônico)

3 como uma qualidade mutável:

paz	tensão	movimento
movimento	descontração	paz
não ser	tornar-se	ser
ser	desaparecer	não ser
viver	morrer	morte
morte	nascimento	vida
dia	entardecer	noite
noite	manhã	dia
verão	outono	inverno
inverno	primavera	verão

3 Como Passo Triplo nas Doutrinas Secretas:

1. Astrologia – aprendizagem secreta da natureza.
   Aprendizado sobre a estrutura dos seres humanos no cosmos.

2. Alquimia – aprendizagem secreta da evolução.
   Aprendizado de como transformar o inferior no superior.

3. Magia – ética secreta.
   Aprendizado sobre como usar e direcionar as forças que regem o desenvolvimento.

IV
O IMPERADOR
The Emperor – L'Emperor
Em alemão: *Der Kaiser* (O Imperador);
Der Herrscher (O Dominador)

Arquétipo: O pai.

Letra: Daleth = D, símbolo = porta, lousa, peito, colo. Valor numérico = 4.

Número: 4 = realidade terrena, intermediário entre o exterior e o interior, o em cima e o embaixo:
1. Núcleo ígneo (fogo), 2. Gás (ar), 3. Água subterrânea (água), 4. Terra.
3. Oceanos (água), 2. Ar (ar), 1. Sol (fogo).
Ordem, estabilidade, orientação (4 pontos cardeais). 1 + 2 + 3 + 4 = 10 = o início de um novo ciclo.
A casa cúbica = o reino humano (Kaaba).

O primeiro número quadrado.

O quadrado como o efeito conjugado dos 4 elementos.

O quadrado como símbolo para a casa e a região, sempre é reproduzido nas palavras *Quartier* [quarteirão] e *Stadtviertel* [bairro].

Citação de Jung: "O quaternário é um arquétipo, por assim dizer, universal. É o pressuposto lógico para cada julgamento da totalidade. Quando se quer fazer esse tipo de julgamento, este terá de ter um aspecto quádruplo. Por exemplo: quando se quer descrever a totalidade do horizonte, temos de localizar os quatro pontos cardeais. Sempre existem quatro elementos, quatro qualidades primitivas, quatro cores, quatro castas na Índia, quatro caminhos no sentido do desenvolvimento espiritual no budismo. Por isso também há quatro aspectos psicológicos na orientação psíquica, além dos quais nada mais de essencial há para dizer. Para a orientação, precisamos ter uma função que constate a existência de algo (sensação), uma segunda que afirme do que se trata (pensamento), uma terceira que diga se nos serve ou não, se devemos aceitá-la ou não (sentimento), e uma quarta que presuma de onde vem e para onde vai (intuição). Além disso, nada mais há a dizer... A perfeição ideal é o círculo, o redondo, mas sua divisão mínima natural é o quadrado."

Citações:

"Já faz muito tempo que eu acreditava na realidade. Prefiro o belo/horrível mundo da minha experiência subjetiva àquelas frias explicações científicas que, em longo prazo, não são nem um pouco mais reais, mas, no entanto, decisivamente menos divertidas do que minhas próprias fantasias e sonhos.

– SHELDON KOPP

"A realidade é aquilo com que em nenhuma circunstância podemos nos satisfazer, aquilo que em nenhuma circunstância devemos adorar e honrar, pois ela é o acaso, a decadência da vida. Ela não pode ser modificada de nenhuma outra maneira a não ser na medida em que a negamos, na medida em que mostramos que somos mais fortes do que ela.
– Hermann Hesse

Imagens: O patriarca, o ser humano desperto, o céu.

Símbolos no Tarô de Marselha: A cruz, as pernas cruzadas = 4.
A águia dourada no chão = consciência da realidade.

Símbolos no Tarô de Waite: O bastão = cruz alada dos egípcios = Ankh = vida = símbolo da vida eterna e da força criadora (kundalini), também cruz ansata, que se encontra em muitas divindades pagãs como Baal, Astarte, e entre os troianos, os etruscos e os caldeus. Foi considerada uma descoberta do diabo. É possível que também fosse vista como a união de Lingam e Yoni, símbolos hindus para a sexualidade masculina e feminina.
O bastão na mão direita = ele rege com a inteligência.
O cetro sem a cruz = imperador terreno.
Quatro cabeças de carneiros no trono: símbolo da força, a irrupção das forças; coragem e responsabilidade de liderança.
A armadura de ferro = energia, frieza, rigidez.

Analogias: O patriarcado, o princípio racional, o Logos, a consciência que desperta na criança, as leis do bom senso, a civilização.

Mensagem: Providencio a ordem, a segurança e a estabilidade.

Qualidades: Domínio sobre o raciocínio, criação, conhecimento, estabilidade, perspectiva, realismo, objetividade, consciência da responsabilidade.

Objetivos: Domínio do espírito sobre a natureza, defesa do que se conseguiu, ordem e clareza diferenciando-se do despotismo e do caos.

Sombra: O pai cruel, severo (Cronos), ambição pessoal, perfeccionismo, inteligência destituída de intuição. A estreiteza da realidade, a racionalidade como uma prisão. A ordem que se torna um fim em si mesma e que desenvolve suas próprias leis desumanas adequadas a seus fins.

Interpretação tradicional:
   Positiva: Entrada, tornar real, concretização, obter algo. Habilidades práticas, fama, criação de ordem, fase de estabilidade.
   Negativa: Rigidez, adoção exagerada de princípios, tendência ao exagero, imaturidade, incapacidade de agir de maneira coerente.

Síntese: Como o número 4 simboliza a realidade (os 4 elementos), bem como a ordem terrena (os 4 pontos cardeais), da mesma maneira o imperador da carta simboliza o realizador, o agente, o organizador.

Entre as cartas III e IV há uma fronteira bem defendida, acerca da qual Peter Dürr fala, sobre a qual a bruxa Hagazussa fica de cócoras. É o limite, por um lado, entre a natureza e a floresta e, por outro, entre a cultura e a civilização. Se essa fronteira não for constantemente defendida pelo Imperador, a Imperatriz volta a tomar, parte por parte, o que lhe foi tirado com esforço. As casas se arruínam, os automóveis enferrujam. Ao que parece, neste século, o Imperador conseguiu vencer a Imperatriz. Com isso, definiu a luta pelas fronteiras.

O aborrecimento geral da civilização diante dessa perspectiva não deve, no entanto, deixar passar despercebido que a luta do Imperador pela ordem e pela clareza nos permite ter segurança e conforto da maneira como as tradições rudimentares e os costumes despóticos da Imperatriz não conheciam. A dama é demasiado temperamental; com ela domina o impiedoso direito do mais forte. Em épocas prósperas, ela dá mais do que podemos usar; em épocas de pobreza, deixa que nossos filhos passem fome e frio. Por isso, o estado constitucional do conforto e da continuidade do Imperador não é antipático. Certo?

Nossa tarefa consiste em permitir que se transponha o limite tão disputado.

Experiência cotidiana: Arrumações, criar relacionamentos sinceros.

Dividir sistematicamente o tempo. Arrumar as coisas (desde o mais simples conserto até o esclarecimento de relacionamentos perturbadores). Tempo de procedimento sóbrio, pragmático. Por fim, colocar ideias e planos em ação. Concretizar desejos (... que às vezes se concretizam por si sós).

4

4 pontos cardeais	Leste	Sul	Oeste	Norte
4 direções naturais	frente	direita	atrás	esquerda
4 elementos	Ar	Fogo	Água	Terra
4 qualidades	seco	quente	úmido	frio
4 temperamentos	sanguíneo	colérico	fleumático	melancólico
4 evangelistas	Mateus	Marcos	Lucas	João
4 profetas	Isaías	Jeremias	Ezequiel	Oseias
4 arcanjos	Rafael	Miguel	Gabriel	Uriel
4 rios paradisíacos	Gehon	Eufrates	Hyddekel	Phison

4 etapas alquímicas	mercúrio	éter	sal	enxofre
4 horas do dia	manhã	meio-dia	tarde	noite
4 estações do ano	primavera	verão	outono	inverno
4 estações arquetípicas	ressurreição	deus da primavera	morte sacrificial	rigidez invernal
4 correspondências no tarô	A Justiça	O Carro	O Enforcado	O Eremita
4 heróis do Graal	Merlin	Artur	Nimue	Morgana
4 naipes do tarô	espadas	bastões	taças	moedas
4 classes sociais	cavaleiros	camponeses	clero	comerciantes
4 naipes do baralho	espadas	paus	copas	ouros
4 fases da Lua	crescente	cheia	minguante	nova
4 sabás das bruxas celtas noturnos	2 de fevereiro	1º de maio	2 de agosto	1º de novembro
4 letras para Deus (Tetragrammaton)	Yod	He	Vau	He
4 ventos	Eurus	Notus	Zéfiro	Bóreas
4 tipos básicos de cálculos	adição	subtração	multiplicação	divisão
4 virtudes cardeais	justiça	força	prestimosidade	temperança
4 tipos junguianos	raciocínio	intuição	sentimento	sensação
4 partes da esfinge correspondentes a	cabeça Aquário	garras Leão	asas Escorpião (Águia)	corpo Touro (Urso)
4 idades mundiais	do Ouro	da Prata	do Bronze	do Ferro
4 vozes	soprano	tenor	contralto	baixo
4 estados hindus	desperto	sonolento	sono profundo	submersão

As 4 letras "Adam" correspondem aos 4 pontos cardeais em grego:

Anatole   Dusis   Arkto   Mesembria

As 4 letras para Jesus = INRI correspondem aos 4 elementos em hebraico:

Jebuscha   Nour   Ruach   Iammin

Se a distância do Sol – Saturno = 100, então a distância do Sol respectivamente é de:

Mercúrio	= 4	= 4
Vênus	= 4 + 3	= 4 + 3
Terra	= 4 + 2 × 3 × 1	= 4 + 6
Marte	= 4 + 2 × 3 × 2	= 4 + 12
Mallona (atual cinto de asteroides)	= 4 + 2 × 3 × 4	= 4 + 24
Júpiter	= 4 + 2 × 3 × 8	= 4 + 48
Saturno	= 4 + 2 × 3 × 16	= 4 + 96

V
HIEROFANTE – O PAPA
O SUMO SACERDOTE

The Pope – Le Pape

Em alemão: *Der Hierophant* (O Hierofante);
Der Papst (O Papa);
Der Hohepriester (O Sumo Sacerdote)

Arquétipo: O santo.

Letra: He = h, símbolo = respiração, ar, fenda. Valor numérico = 5.

Número: 5 = a quintessência = a síntese da realidade fornecida pelo 4. O número do homem (5 dedos, 5 sentidos), a soma da trindade divina mais a dualidade humana. O pentagrama. Os 5 elementos orientais – éter.

Citação de Jung: "Fala-se de crença quando se perdeu algum conhecimento. Crença e descrença em Deus são um mero substituto."

Citações:
"Durante trinta longos anos procurei Deus e, quando no final desse tempo minha visão se abriu para Ele, descobri que quem me procurava era Ele."

– Bajezid Bastami

30 raios cercam o eixo;
a utilidade do carro consiste no seu nada.
Escava-se a argila para modelar vasos:
a utilidade dos vasos está no seu nada.
Abrem-se portas e janelas para que haja um quarto:
a utilidade do quarto está no seu nada.

Por isso o que existe serve para ser possuído;
e o que não existe, para ser útil.

– Lao-Tzu, *Tao-Te-King*

"Precisamos distinguir claramente entre acreditar e confiar pois, segundo a prática comum, crer tem o significado de ser, de ter alcançado um estado espiritual que é quase o contrário de confiar. Crer – no sentido em que uso o termo aqui – é insistir em que a verdade é assim como "gostaríamos que fosse" ou como a desejaríamos. A crença quer abrir sua consciência à verdade desde que esta corresponda às suas ideias prévias, a seus desejos.

A confiança, ao contrário, é uma inclusão irrestrita da verdade na consciência, qualquer que seja a sua aparência. A confiança desconhece preconceitos: trata-se de um salto para o desconhecido. A crença se agarra, a confiança se deixa conduzir. Nesse sentido da palavra, a confiança é a virtude básica da ciência e também de toda religião que não seja autoilusão."

– ALLAN W. WATTS, *Die Weisheit des ungesicherten Lebens*
[A Verdade da Vida Insegura]

Imagens: O representante de Deus, a ponte entre Deus e a humanidade, o representante da lei espiritual.

Símbolos no Tarô de Marselha: Primeiro, surgem figuras humanas diante dos arquétipos.
2 colunas + 2 noviços + 1 papa = 5.
O bastão na mão esquerda significa: ele rege com o coração.

Símbolos no Tarô de Waite: Coroa e cruz triplas como símbolo da competência sobre o Céu, a Terra e o Inferno.
O W sobre a coroa representa provavelmente Arthur E. Waite. 2 colunas, porém, em oposição à carta II, na mesma cor = o essencial (a quintessência) é igual.
Desenho da mão = a parte revelada e oculta do ensinamento.
Chave: destravar, discrição, o direito à redenção, força espiritual.
2ª chave: acesso ao consciente e ao inconsciente, símbolo de Pedro no brasão dos papas.
"E eu te darei a chave para o reino dos céus. Tudo o que unires na Terra também será unido no céu, e tudo o que é separado na Terra também será separado no céu."
Rosas e lírios sobre o hábito religioso dos monges = amor divino e pureza de alma.

Segundo plano: Hierofante (grego): "O que esclarece as coisas divinas." Nos Mistérios gregos, o único que pode desvelar as doutrinas secretas, o iniciado superior e único intérprete dos segredos esotéricos.

Analogias: O pentagrama com a ponta para cima, o Espírito Santo, a lei sagrada.

Mensagem: Há mais coisas entre o céu e a terra do que podemos entender com nossa inteligência.
"O *Tao* que pode ser pronunciado não é o *Tao* eterno. O nome que pode ser proferido não é o Nome eterno."
– LAO-TZU, *Tao-Te-King*

Qualidades: Busca do sentido, revelação, hora da verdade, subjetividade, confiança, indicador do caminho da salvação.

Objetivos: Iluminação, descoberta do significado, manter-se fiel aos seus princípios.

Sombra: O propagandista dos seus próprios pontos de vista. O fariseu, o hipócrita, o fingido; a intolerância, a presunção, a arrogância esotérica.

Interpretação tradicional:
Positiva: Carta de proteção, renome, lealdade, talento para a organização, conhecimento.
Negativa: Problemas com a saúde, indecisão, negligência.

Síntese: O 5º elemento, o éter, ergue-se sobre a planície da realidade, da verdade pura, e lhe dá o seu sentido. Ao mesmo tempo, nos impele à busca permanente do sentido da vida e do significado mais profundo dos acontecimentos. Disso resulta a certeza racional insuficiente para ser parte de uma organização mais elevada. Isso é simbolizado pela estrela de 5 pontas com a ponta voltada para cima, o símbolo do ser humano. Ela contém em si o pentágono, que, por sua vez, encerra a estrela de 5 pontas e com isso corresponde à participação harmoniosa do homem no cosmos.

O sumo sacerdote representa o âmbito da fé, da subjetividade, em oposição à objetividade do Imperador (IV). Ele é o astrólogo; o Imperador é "apenas" o astrônomo.

O símbolo de sua mão diz, em oposição à mão estendida do Diabo (XV), que há mais coisas do que podemos ver. Esse "mais" que é respectivamente a quintessência dos fatos visíveis, é o que ele quer transmitir.

A carta corresponde à profunda compreensão, às questões da fé e da tranquilidade que provêm da certeza da fé.

Experiência cotidiana: Tomar novas decisões. Compreensão do sentido mais profundo (nas situações de desconsolo). Aproximar-se perceptivelmente da auto-organização e da autodireção e descobrir o significado de algo importante.

Encontrar consolo. Receber um livro pessoalmente decisivo. Receber impulso para o desenvolvimento pessoal por meio de uma conversa.

História: Um dervixe especialmente casto caminhava pela margem do rio, imerso em pensamentos. De repente, foi despertado pelos altos brados do chamado dos dervixes: "U YA HU". Ele prestou atenção e disse para si mesmo: "Isso é uma rematada tolice, pois quem gritou pronunciou as sílabas de modo incorreto. O certo seria 'YA HU'".

Como discípulo bem-informado, ele sabia que tinha o dever de ensinar a esse discípulo infeliz o que melhor conhecia. Portanto, alugou um barco e remou até a ilha no meio do rio, de onde partiam os gritos. Lá encontrou apenas um homem numa cabana, cujas roupas de dervixe se moviam ritmicamente com os gritos.

— Meu amigo – disse o dervixe – você pronuncia mal esse chamado. Meu dever é ensiná-lo a fazer isso corretamente. Você tem de dizer assim – e mostrou-lhe como.

— Obrigado – agradeceu o outro humildemente. O dervixe voltou ao barco. Estava satisfeito consigo mesmo, pois havia praticado uma boa ação. Pois diz-se que quem usa a fórmula correta pode até mesmo caminhar sobre a água.

Mal chegou à margem, ouviu o grito provindo da cabana: "U YA HU". Enquanto o dervixe especialmente casto começou a meditar sobre a teimosia da natureza humana, viu subitamente um fenômeno extraordinário. O outro homem que estava na ilha vinha ao seu encontro – andando sobre a superfície da água!

Paralisado de espanto, o beato permitiu que o outro se aproximasse do seu barco a remo e o ouviu dizer:

— Irmão, desculpe-me se torno a importuná-lo, mas vim procurá-lo para pedir-lhe que me ensine mais uma vez a fórmula correta do chamado, pois tenho dificuldade em recordá-la.

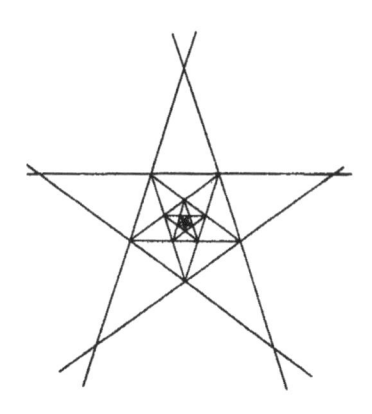

A estrela de 5 pontas e o pentágono como símbolo da participação do homem no cosmos.

Os números 3, 4, 5 no ensinamento sobre a harmonia do mundo, de Kepler

Como já vimos, os números 3, 4 e 5 estão entre os primeiros 10 números que têm um significado especial para nós, os homens:

3 é o número da divina vibração primordial, do eterno ritmo do desenvolvimento.
4 é o número da realidade terrena e da nossa orientação.
5 é o número da quintessência, o número dos homens.

Em seu ensinamento sobre a harmonia do mundo, Kepler mostrou as correspondências superpostas que partem exatamente dos números. O seguinte triângulo, e com ele todos os triângulos nele contidos, têm as proporções laterais 3 : 4 : 5. Se tomarmos o comprimento do corte lateral como número vibratório, obtemos os 7 tons da nossa escala em tom maior, bem como os trítonos maiores. Se tomarmos os comprimentos como medida das cordas dos instrumentos musicais, obteremos os trítonos menores.

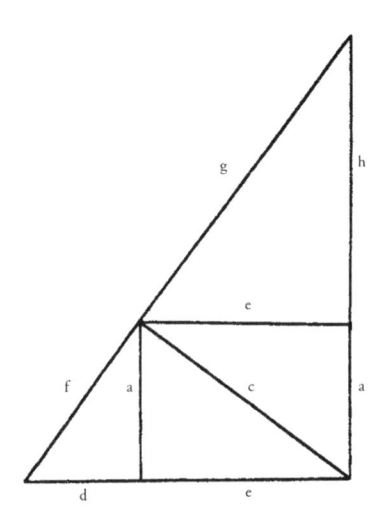

Desses números 3, 4 e 5 também surgem os 5 únicos corpos geométricos perfeitos conhecidos pela geometria. Entre eles, estão as figuras que têm um ponto central comum e cuja superfície se compõe de planos regulares (triângulos, quadrados etc.). São as seguintes:

Tetraedro   – quatro planos (pirâmide triangular)
Octaedro   – oito planos
Icosaedro   – vinte planos, que se compõem de triângulos, e
Hexaedro   – seis planos (cubo) que se compõem de quadrados, e
Dodecaedro   – doze planos (diamante), que se compõem de pentágonos.

Kepler colocou essas figuras umas dentro das outras; de tal maneira que o cubo é cercado pela menor esfera imaginável, sendo preenchido pela maior possível.

Nessa esfera interna, encontra-se a maior pirâmide triangular possível, cuja esfera interior contém o maior dodecaedro possível, em cuja esfera interior há um icosaedro, ao qual se segue o octaedro, no qual fica a última esfera. Assim, dentro e em volta das 5 figuras há ao todo 6 esferas. Se observarmos a distância que há entre essas esferas, teremos que a relação de distância entre elas corresponde à distância das órbitas dos planetas, de Mercúrio até Saturno:

1ª esfera = Saturno   dentro, o cubo
2ª esfera = Júpiter   dentro, o tetraedro
3ª esfera = Marte   dentro, o dodecaedro
4ª esfera = Terra   dentro, o icosaedro
5ª esfera = Vênus   dentro, o octaedro
6ª esfera = Mercúrio

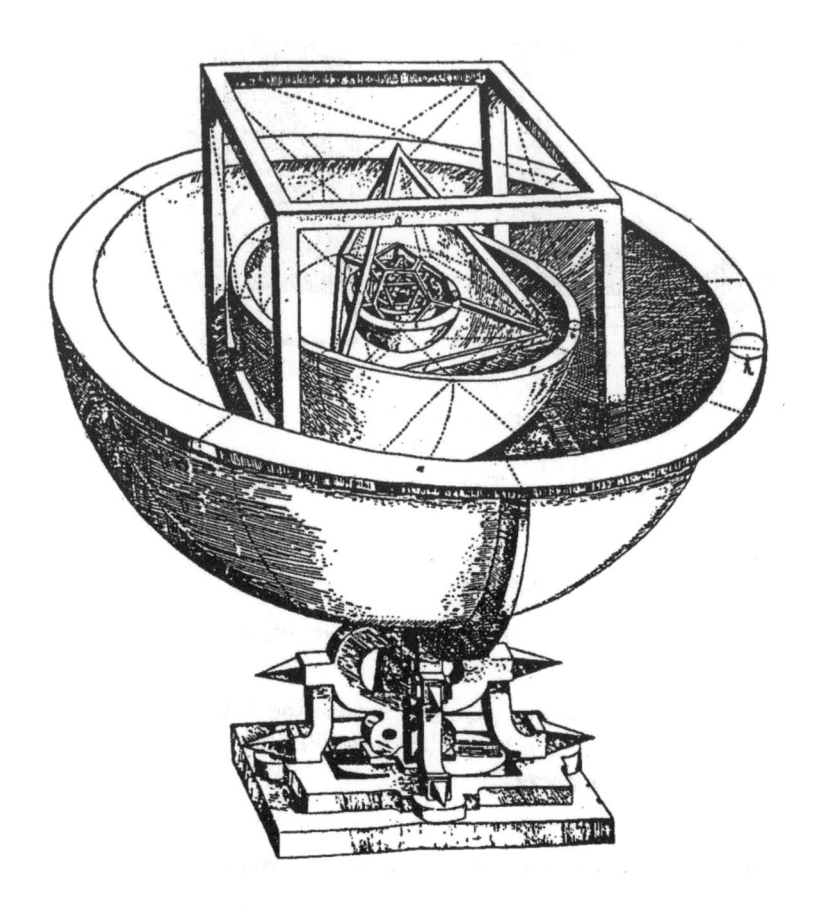

Modelo de Kepler da estrutura do Universo com os corpos platônicos encaixados um dentro do outro.

VI
OS ENAMORADOS
The Lover; The Lovers – L'Amoureux
Em alemão: *Die Liebenden* (Os Enamorados);
Die Entscheidung (A Decisão)

Arquétipo: Amor, a encruzilhada.

Letra: Vau = W/V, símbolo = olho, orelha, unha, luz. Valor numérico = 6.

Número: 6 = número que sai de si mesmo (ao contrário do 9). Segundo Pitágoras, o primeiro número perfeito; ele é a soma e o produto de suas partes: 1 + 2 + 3 = 6 e 1 × 2 × 3 = 6.

O número da integralidade – os 6 dias da criação.

O número de Deus no mundo – 2 triângulos resultam num quadrado.

Na natureza, a colmeia de abelhas é a estrutura ideal.

Citação de Jung: "O encontro de duas personalidades é como a mistura de duas substâncias químicas: se alguma reação ocorre, ambas se transformam."

Citações:

"Temos de tomar todas as decisões com base em dados insuficientes! E, no entanto, somos responsáveis por tudo o que fazemos.

– SHELDON KOPP

"O que leva os homens a trocar uma amante por outra, a ter de usufruir de todos os encantos femininos e a desfrutar de todo tipo de amor para achar que a vida vale a pena? Sua sede insaciável por novas conquistas oculta uma dúvida secreta sobre a própria capacidade de conseguir conquistar inteiramente uma mulher e prendê-la a si. Eles vão pela vida como jovens adolescentes que com uma parte do seu ser amam a natureza sensual das mulheres e com a outra estão inseguros, sonhando em manter com a mulher dos seus sonhos uma relação de mãe ou irmã. Como ao mesmo tempo conhecem e desconhecem essa contradição, comportam-se diante das mulheres ou como homens seguros de si ou como adolescentes titubeantes. Eles permitem que as mulheres que aceitam esse seu lado fraco, ou as que fingem ignorá-lo, logo se afastem, pois dizem a si mesmos: essas que se comportam maternalmente por certo temem a batalha dos sexos e não podem ser levadas a sério. E para as que não apreciam seus modos juvenis, eles representam atitudes viris. Se as mulheres caírem nessa armadilha, se dizem: com criaturas tão tolas não é possível ser feliz. Mas se uma delas não se encantar com suas representações artísticas, nem aceitar de bom grado qualquer indecisão, afastam-se horrorizados de uma criatura tão impiedosa. Mas há ainda outra forma de ilusão erótica, que à primeira vista não tem essa aparência. Estou me referindo a uma espécie de exagerada falta de sentimentos e dureza conscientemente exibidas, que correspondem a uma desmedida ambição de ser mais poderoso, forte, perigoso e temido do que qualquer outro homem. Os homens que se escondem por trás dessa posição de vida no recôndito esconderijo de sua alma somente têm um medo terrível de não possuir o verdadeiro segredo da masculinidade. E nisso estão inteiramente certos. Pois falta-lhes a capacidade, a veneração e o delírio de se entregarem à união, como só a graça de Afrodite pode proporcionar a um homem.

Dentre todos estes, contudo, os homens caseiros, que não se envergonham de encarar suas mulheres como mães protetoras, babás compreensivas e enfermeiras eróticas não devem talvez concluir que sua ligação seja melhor do que a instabilidade daqueles outros."

– Philipp Metman, *Mythos und Schicksal* [Mito e Destino]

Imagens: Eros, o dilema de Páris. O conflito: virgem – mulher, espírito puro – carne pecadora, santa – prostituta, a bela e a fera.

Símbolo no Tarô de Marselha: O homem aparece em sua grandeza natural = autoconsciente. É representada a decisão entre a mãe e a amante. Sobre eles, o Cupido.

Símbolos no Tarô de Waite: Adão e Eva. Atrás, a árvore da vida, com 12 frutos, e a Árvore do Conhecimento do Bem e do Mal, com a serpente. Nesta (ainda restam) 4 frutos – originalmente 5, relativos aos 5 sentidos. Acima, o arcanjo Rafael. Representação do "amor puro". Waite renunciou conscientemente ao tema da decisão.

Analogias: A estrela com 6 raios, a estrela de Salomão, o escudo de Davi, o símbolo de Vishnu, o casamento místico entre Shiwa e Shakti, a estrela composta por 2 triângulos: o triângulo superior, o fogo, aponta para Eros e o destino; o triângulo inferior, a água, aponta na direção da terra.

Mensagem do Tarô de Marselha: Não há problemas, apenas indecisão. Suas decisões são corretas na medida em que você as mantém.

Mensagem do Tarô de Waite: Não se pode obrigar ninguém a nos amar. Você é digno de ser amado na medida em que aceitar a si mesmo.

Qualidades: Descoberta da consciência individual, maioridade, disposição para amar, vontade e capacidade para a união (Waite).

Objetivos: Direto à decisão. Disposição de assumir a responsabilidade pelas escolhas.
Entrega e união dos opostos (Waite).

Sombra: Fraqueza para tomar decisões, meia cordialidade.
Tarefa autoimposta, ódio, ciúme doentio (Waite).

Interpretação tradicional:
   Positiva: Decisão, solução de dependências, autorresponsabilidade. Amor sincero, casamento, novos relacionamentos (Waite).
   Negativa: Relutância, pessimismo, má saúde, impotência, infidelidade, vício, maus relacionamentos.

Síntese: O centro de gravidade dos velhos baralhos está claramente na temática da decisão. Por isso, a mensagem da carta também é "você não pode ter tudo". Para obter o que você quer, é preciso que renuncie a algo de que gosta e a que quer bem. Ou, como diz um ditado chinês: "Você tem de abrir as mãos se quiser pegar água. Com os punhos cerrados você não pega quase nada". Waite considerava essa temática da decisão ridícula; em vez dela, apresenta o tema do "amor puro". No entanto, mesmo para essa experiência é necessário uma decisão. Trata-se, porém, mais de uma decisão por alguém/alguma coisa contra outra.

Eu mesmo interpreto esta carta conforme o jogo, indiferentemente, de uma ou de outra maneira.

Experiência cotidiana: Decisões de todo tipo, isto é, decidir-se a favor ou contra alguma coisa. Apaixonar-se, encontrar o grande amor; nos relacionamentos/casamentos, experimentar uma nova fase de amor intenso. Conhecer alguém novo e importante. No entanto, também dedicar-se com amor a algum trabalho.

História: Urano, senhor do grande silêncio e da visão em desenvolvimento, senhor dos céus estrelados, antes considerava Gaia (deusa da Terra) como a tranquila mãe receptiva da bondade, de cujo colo deveria nascer como um mundo de flores ricamente coloridas, a luz que gotejou lá das alturas estelares. Em vez disso, deu à luz demônios inconcebivelmente selvagens, cuja selvageria ameaçava brutalmente seu poder total, que brilhava em sua constante meditação imóvel. Então ele mesmo criou a praga do ódio, que é uma maldição do não-querer-ver, e arremessou os monstros de volta ao Tártaro. Seu amor enrijeceu-se na convulsão da procriação, até que Cronos (seu filho) – para vingar a mãe – decepou com a foice o órgão repleto de ódio de Urano, no talho perfeito que este fizera no corpo divino e que o próprio Urano não via mais.

O ondulante elemento dos oceanos do mundo, que recebeu o falo decepado do deus, libertou-o de sua rigidez interior e revelou, pela primeira vez, que todo o ódio nada mais é do que amor severamente reprimido.

Pois da espuma formada pelas ondas surgiu o que havia sido negado em vão: Afrodite. Nas profundezas do oceano ela enterrou os segredos do amor odioso e da fria cobiça e, como Afrógenes, criou por um passe de mágica todas as figuras de névoa e de sonho com a massa balouçante do mar infinito. Suas sedutoras promessas fazem com que os que são seduzidos por elas fiquem continuamente a vagar de amor em amor, sem nunca encontrar o que os atrai. Como a rainha da beleza, desde então ela conduz aqueles buscadores que, como Cronos, não suportam olhar para o reino do ódio profundo e do mais frio desprezo, levando-os a um mundo onírico de soluções amorosas e de indecisões repletas de graça.

Aos homens está reservado o destino de reconciliar Urano com os demônios do trovão que surgiram do seu ato de criação. Ouvir e aceitar na alma o turbilhão estrondoso da sinfonia da vida, a luta das criaturas, a precipitação e a destruição dos organismos em luta, o rugido dos elementos, o nascimento e a destruição, a ação interminável e o trabalho incessante, a saudade, as surpresas, o medo e o ódio é a grande realização dos que amam. Este último segredo de Afrodite repousa nas profundezas sombrias das águas que orlam o horizonte. Seus guardiões são os peixes.

– Philipp Metman, *Mythos und Schicksal* [Mito e Destino]

Dois (divino) triângulos formam o quadrado da realidade terrena:

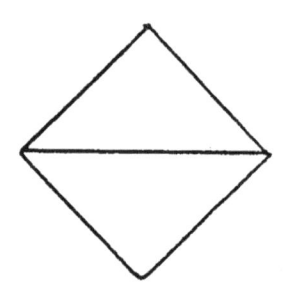

Introduzidos um no outro, surge a estrela de seis pontas, o símbolo da ação divina no mundo, o sinal da sexualidade mundana, a Estrela de Davi, Vishnu etc.

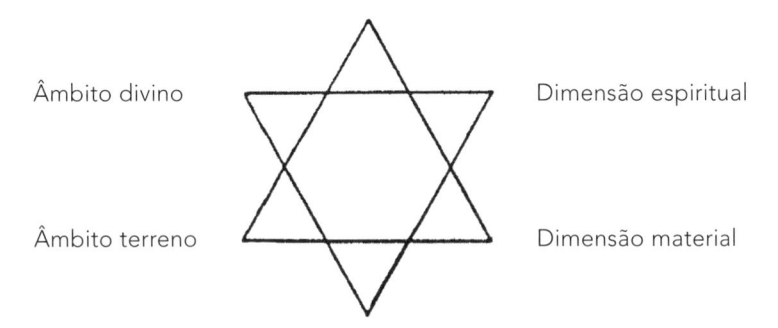

Âmbito divino — Dimensão espiritual

Âmbito terreno — Dimensão material

VII
O CARRO – A CARRUAGEM
The Chariot; The Cart – Le Chariot
Em alemão: *Der Wagen* (O Carro);
Der Siegeswagen (O Carro da Vitória)

Arquétipo: A partida do herói

Letra: Dsain = S/Ds, símbolo = dardo, arma, raio, vitória. Valor numérico = 7.

Número: 7 = número da harmonia divina e terrena (3 + 4), o destino e a transformação. Os 7 dias da semana, as 7 vacas gordas, as 7 vacas magras. A soma dos pontos de dois cubos superpostos sempre é 7. As 7 criações. As 7 fases alquímicas da transformação sob a influência de 7 metais e de 7 planetas (do Sol até Saturno). Quando a circunferência de um círculo é 22 (número dos Arcanos Maiores), seu diâmetro é 7 (22 : 7 = π). Para os pitagóricos, um número de crise, que foi relacionado com as doenças.

Imagens: O carro do Sol, *Phaeton*, Ícaro, o carro místico de Elias. O carro de fogo de Ezequiel, o guerreiro, Osíris triunfante.

Símbolos no Tarô de Marselha: 4 colunas (para os 4 elementos) + 1 auriga (condutor) = 5 = quintessência.
2 cavalos para o lado positivo e negativo da força animal, também da física e espiritual, da vontade de viver e da consciência. 2 máscaras sobre os ombros = *Urim* e *Thummim*, usadas pelo sumo sacerdote de Israel para consultar a vontade divina (traduzidas por Lutero como luz e direito). Também o Sol e a Lua como luzes orientadoras, luz e sombra. Um escudo peitoral em que 3 pedras preciosas estão dispostas em 4 séries (como em Moisés, 2:28, 15ss., descrito como escudo do ofício). S. M. Simon Magnus – mago samaritano mais tarde amaldiçoado como arqui-herege e que se tornou o pai primitivo das seitas gnósticas.

Símbolos no Tarô de Waite: O carro é puxado por esfinges. Em *Fedro*, Platão descreve um desses carros como símbolo da alma humana. O condutor traz uma estrela de 8 raios na coroa (indicação da lemniscata em número). Na dianteira do carro, presumivelmente, Lingam e Yoni, o símbolo masculino e feminino dos hindus.

Um quadrado brilhante sobre o peito do auriga (governador terreno). A cota de malha com símbolos alquímicos. O bastão (do mago) com a ponta dourada indica objetivos nobres. A cidade em segundo plano = os muros protetores da cidade foram abandonados.

Analogias: A puberdade, o sol triunfante na primavera.

Mensagem: O jovem rei traz nova força e tem novas ideias.

Qualidades: A partida das forças, a fuga para a frente.
A manutenção do equilíbrio (no carro de 2 rodas).
A coordenação de 2 forças divergentes (cavalos).

Objetivos: "O levantamento do tesouro." A descoberta e a conquista do próprio lugar neste mundo. Vitória.

Sombra: Vangloriar-se de si mesmo, valorizar-se demais. Falta de consideração, leviandade.

Interpretação tradicional:
  Positiva: Vitória, triunfo, harmonia, conclusão bem-sucedida de uma longa atividade, aptidão.
  Ter controle sobre a situação. O caminho reto para a frente.
  Negativa: Autodespotismo, megalomania, perda do controle/orientação. Em última análise, fracassar diante dos obstáculos.

Síntese: O carro da vitória representa todas as experiências e características que acompanham uma alegre partida: coragem, confiança, prazer, iniciativa, disposição para a ação. Mas também representa a habilidade do auriga: a manutenção do equilíbrio interior e exterior e a capacidade de transformar os impulsos opostos, naturais, dos cavalos em um impulso conjunto para a frente (por exemplo, querer e sentir). Como acontece com poucas outras cartas, neste caso o lado sombrio força a sua presença no primeiro plano; a supervalorização de si mesmo, o desconhecimento de que suas capacidades são limitadas. Os mitos com narrativas sobre a fuga de Ícaro e *Phaeton* falam sobre isso. Portanto, a carta adverte ao mesmo tempo sobre o risco da falta de moderação e lembra que é preciso respeitar os próprios limites.

Além disso, deve-se ver no lado sombrio também "a compensação" provocada pelos excessos, por exemplo, uso de entorpecentes.

Experiência cotidiana: Dominar as controvérsias. Progredir visivelmente numa situação. Empreender uma tarefa com vontade. Conseguir conciliar divergências. Restaurar um relacionamento ameaçado de rompimento. Espírito aventureiro. Viajar.

Sete:

7 anos é o tempo que o corpo precisa para renovar-se por completo.
7 maravilhas mundiais.
7 tonalidades principais.
7 Portais de Tebas, os 7 guerreiros contra Tebas.
7 cabeças de serpentes da Hidra de Lerna.
7 colinas de Roma.
7 suábios.
7 botas de 7 léguas.
7 dorminhocos.
7 anões.
7 corvos.
7 planetas visíveis dos antigos.
7 dias da semana.
7 dias da criação.
7 chakras, as 7 flores místicas de lótus.
7 vértebras cervicais.
7 virtudes, 4 mundanas e 3 religiosas.
7 sacramentos cristãos (batismo, confirmação, eucaristia, confissão, votos sacerdotais, casamento, extrema-unção).
7 candelabros com 7 velas – Chanukah.
7 pedidos do Pai-nosso.
7 andares do templo de Babilônia.

7 degraus do trono de Salomão.

7 mares.

7 sacerdotes com 7 trombetas tocam a cada 7 dias para a queda de Jericó.

7 dias do Pessach e da festa dos tabernáculos.

O Apocalipse de São João:

7 comunidades

7 espíritos

7 luminárias douradas

7 estrelas

7 selos

7 chifres

7 anjos

7 trombetas

7 raios

7 cabeças

7 coroas

7 pragas

7 bandejas de ouro

7 reis

Sete demônios:

7 pecados mortais (orgulho, avareza, impureza, inveja, ira, intemperança, preguiça).

7 pragas (às vezes também 10).

7 anjos que castigam.

7 anos de carestia.

7 demônios.

Na série caldaica, os 7 planetas visíveis são organizados segundo a velocidade média com que percorrem suas órbitas (inclusive o Sol e a Lua).

♄ ♃ ♂ ☉ ♀ ☿ ☽

Se dispusermos os planetas nesta sequência ao redor das pontas de uma estrela de 7 pontas e observarmos a sequência segundo as linhas da estrela, obteremos a sequência dos dias da semana:

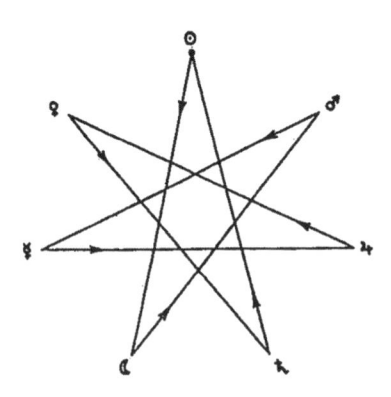

Planeta	Alemão	Celta	Inglês	Francês
☉ = Sol	Sonntag	Sunna	Sunday	Dimanche
☽ = Lua	Montag	Mano	Monday	Lundi
♂ = Marte	Dienstag	Zio	Tuesday	Mardi
☿ = Mercúrio	Mittwoch	Wodan	Wednesday	Mercredi
♃ = Júpiter	Donnerstag	Tunar	Thursday	Jeudi
♀ = Vênus	Freitag	Fria	Friday	Vendredi
♄ = Saturno	Samstag	Loki	Saturday	Samedi

VIII
EM WAITE, Nº XI
A JUSTIÇA

Justice – La Justice
Em alemão: *Die Gerechtigkeit* (A Justiça)

Arquétipo: O juiz.

Letra: Chet = Ch, símbolo = campo para cultura, semente, muro, cerca. Valor numérico = 8.

Número: 8 = o número da justiça e da equiparação, visto que pode ser dividido em dois números iguais (4), que por sua vez resultam em números inteiros. A cada 8 anos há uma compensação imprecisa do calendário lunar e solar.

O octaedro representa a passagem do quadrado para o círculo e, assim, serve de intermediário entre a esfera divina e a terrena.

Também é o número da salvação, da consagração, da felicidade: 8 criaturas sobreviveram ao dilúvio (Noé, 3 filhos, 4 mulheres). 8 bem-aventuranças.

O 8 como a perfeição e o recomeço:

O 8º tom faz a 8ª. 1 semana e seu reinício = 8 dias.

O caminho óctuplo dos budistas.

Citação de Jung: "A moral não foi transmitida em forma de tábuas trazidas do Sinai e imposta como necessária ao povo; é uma função da alma humana tão antiga como a própria humanidade... É um regulador instintivo, que também rege a convivência dos rebanhos de animais."

Citação:
"Eu amo o mau que sabe que é mau, mais do que o justo que sabe que é justo. Mas dos maus que se julgam justos diz-se o seguinte: 'Já nos umbrais do inferno eles não tentam retroceder, pois imaginam que estão sendo levados para o inferno a fim de salvar as almas dos que lá estão'."
— Contos de Chassidim

Imagens: Virtudes cardeais, o anjo Gabriel, a expulsão do Paraíso, o rei Salomão.

Símbolos no Tarô de Marselha: A balança como símbolo do equilíbrio e como instrumento de medição. A espada, que não deve ser empunhada nem para o ataque nem para a defesa; serve para a diferenciação, a decisão e a execução.

Símbolos no Tarô de Waite: 2 colunas, entre elas um véu (como na carta II) na cor violeta; a última cor do espectro que podemos ver. Por trás, o céu dourado. Limitação da justiça terrena.

Escudo ou casaco vermelho = Marte.
Balança e gola verde = Vênus.

A filha de Marte/Vênus (Ares/Afrodite) chama-se Harmonia. O pé direito (lado consciente) é visível. A figura de *Dike* (*Astreia*) que no início da Idade da Pedra abandonou a Terra e se transformou na constelação de Virgem.

Analogias: O Direito formal como uma abstração do sentimento de justiça.

Mensagem: Você é responsável por si mesmo.
"Você é livre para fazer o que quiser. Mas precisa estar preparado para suportar as consequências."

– Sheldon Kopp

Qualidades: Função intermediária entre a reivindicação ideal e o poder terreno. Objetividade, justiça, domínio sobre o passado. Capacidade de julgamento.

Objetivos: Manutenção da ordem, do equilíbrio. Estabilidade, decência, julgamento, sentença, decisão. Distinção, conquista dos direitos.

Sombra: Justiça pessoal, Lei e Ordem, preconceito.

Interpretação tradicional:
Positiva: Saídas boas, justas e decentes; equilíbrio, correção, desistência de velhos hábitos.
Negativa: Injustiça, juízo preconcebido, automartírio, brutalidade, desonestidade, avareza.

Síntese: O espectro dessa carta é de longo alcance: o sentimento de justiça e a capacidade de julgamento resultam em objetividade; a capacidade de estabelecer e honrar compromissos e, talvez, até mesmo a sabedoria salomônica exigem capacidade de decisão. A carta da Justiça lembra as famosas palavras de Goethe: "Apenas a lei pode nos dar a liberdade", visto que a falta de direito leva automaticamente ao direito do mais forte e, com isso, à arbitrariedade e ao prejuízo de todos os grupos fracos. Portanto, essa carta tem parentesco com o tradicional número VIII (= 2 x 4) e com o Imperador (IV), cujas solicitações também exigem a manutenção da ordem.

A *Justitia* sempre foi representada como uma mulher. Simultaneamente, a aparência da carta lembra a Sacerdotisa (II). Com isso indica-se que o direito e a jurisprudência não são um procedimento lógico formal, mas precisam também de um bom faro.

Waite não achou necessário esclarecer por que trocou essa carta pela carta da Força (XI) na sequência das cartas. Portanto, acho inútil uma especulação sobre seus motivos e justifico a antiga sequência:

1. Com base no simbolismo numérico: 8 é o número da justiça e 11 é o número do pecado, e
2. No sentido da compensação da estrutura dos trunfos: a primeira dezena é introduzida pela força da extroversão do Mago (I); a segunda, pela força feminina correspondente, a Força (XI).

A carta representa compensação e equilíbrio de forças. Esses temas, no entanto, não devem ser confundidos com a harmonia interior e descontraída representada pela carta da Temperança (XIV). Equilíbrio das forças também costuma representar o assim chamado equilíbrio que só pode ser assegurado por meio de competição pelas armas.

No respectivo campo, a carta significa "encontrar uma boa saída para uma situação"; neste caso, "boa" não tem o mesmo sentido que desejável e, naturalmente, não deve servir para obter uma vantagem unilateral em detrimento dos outros.

A carta prediz que se receberá a justiça, o que é o mesmo que "receber seus direitos", no sentido de "às suas custas". Por outro lado, também pode significar ter de ser confrontado com resultados negativos de ações anteriores.

Experiência cotidiana: Chegar ao seu direito. Viver o equilíbrio das forças em atividades comuns, em discussões, em conflitos. Uma fase de capacidade imperturbada de julgamento; grande aptidão para assumir compromissos e bastante equilíbrio. Resolver rapidamente as discórdias. A carta também é uma advertência para não agir contra as regras da decência.

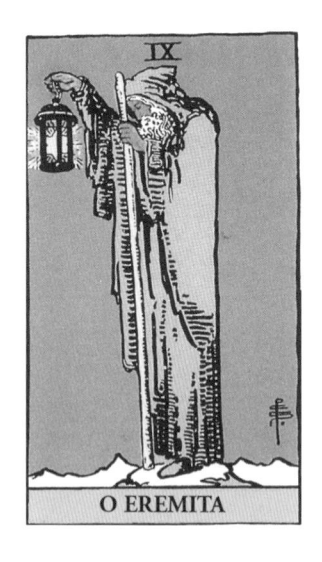

IX
O EREMITA
The Hermit – L'Hermite
Em alemão: *Der Eremit* (O Eremita)

Arquétipo: O velho sábio.

Letra: Theth = Th, símbolo = abrigo, objetivo, segredo. Valor numérico = 9.

Número: 9 = O número que se recolhe em si mesmo (em oposição ao 6, que sai de si mesmo).

Número da consagração (3 × 3) e dos sentidos.

O número que sempre volta a si mesmo:

9 + 9 = 18 = 9 (soma transversal),
1 + 2 + 3 + 4 + 5 + 6 + 7 + 8 + 9 = 45 = 9.
9 × 1 até 9 sempre dá um número cuja soma transversal dá 9.

Depois de 9 anos é que a aveleira dá frutos. Sua noz vale como símbolo da sabedoria concentrada (roer uma noz).

A nona *Sephirah* = Yesod = sod = segredo e Je/Yod = 10 = o segredo do 10.

Número da perfeição e do destino: 9.

Número de meses entre a concepção e o nascimento.

Jesus morreu na 9ª hora do dia.

3 × 9 dias foi o que os iniciantes de Zeus passaram em uma caverna. Em um mosteiro agostiniano irlandês (Lough Derg), era necessário purificar-se e jejuar durante 7 dias; no 8º dia colocava-se a pessoa em um esquife e no 9º obtinha-se a última bênção, sendo então o esquife levado para uma caverna, na qual se ficava neste dia no "purgatório de São Patrício" – quando não para sempre.

Citação de Jung: "O ser humano com certeza não chegaria aos 70, 80 anos se essa longevidade não correspondesse ao sentido da sua espécie. Por isso, o entardecer de sua vida também tem de ter um sentido e objetivos próprios, e não pode ser apenas um lamentável penduricalho da manhã.

Nas linhagens primitivas vemos, por exemplo, que quase sempre os mais velhos são os guardiões dos Mistérios e das Leis, e é neles, nessa primeira geração, que se expressa a cultura da raça. Sob esse ponto de vista, o que acontece conosco? Onde está a sabedoria dos nossos idosos? Onde estão seus segredos e histórias fantásticas? Há tempos os nossos idosos vêm tentando imitar os jovens. Na América, o ideal, por assim dizer, é que o pai pareça o irmão de seus filhos e a mãe, se possível, a irmã mais nova de sua filha."

Citação:

"Os demagogos, os empresários do alheamento de si mesmo, que já levaram diversas civilizações à destruição, importunam as pessoas para que elas não pensem; eles se esforçam por manter grandes massas aglomeradas, para que as pessoas não possam elaborar suas personalidades no único lugar em que isso pode ser feito, isto é, na solidão. [...]

E com tudo isso fazem com que as pessoas sejam atormentadas pelas paixões e com que o ardor e o susto as deixem *fora de si*. Mas como o ser humano é uma criatura que conseguiu *recolher-se* em si mesma, fica claro que ele se esforça por alcançar um nível mais profundo e que recai outra vez na animalidade quando perde o controle."

– José Ortega Y Gasset, *Der Mensch und die Leute*
[O Homem e as Pessoas]

Imagens: O anacoreta, o monge (o peregrino), o romeiro, Jesus no deserto, o profeta, o pastor, Merlin.

Símbolos no Tarô de Marselha: A luz como indicadora do caminho; a chama da vida, a sabedoria.

O hábito religioso – azul = força espiritual, amarelo = ouro alquímico.

A lanterna – a luz da sabedoria oculta, protegida pelo hábito monástico = proteção.

Símbolos no Tarô de Waite: Lanterna sem cobertura, dentro brilha uma estrela.

Muito menos a imagem do buscador do que a do iluminador. O gelo representa o frescor da reclusão. O capuz protege das influências estranhas.

Analogias: O lado introvertido das pessoas. O caminho solitário da autodescoberta. Rigidez invernal como um preparo para o despertar da primavera. Escassez; a velhice.

Mensagens: Em última análise, todos estamos sós.

Cada um tem de fazer as coisas mais importantes por si mesmo.

A mina é sempre maior do que a pedra preciosa.

É mais fácil ser um grande e honrado guru do que um alegre e satisfeito gari.

Qualidades: Autoconhecimento, sabedoria, iluminação. Racionalidade. Satisfação com o presente. Saber desligar-se.

Objetivos: Satisfação, cumprimento do dever, estar no caminho, aprender a ficar só, amadurecimento.

O objetivo da iniciação é agitar o espírito para que este desperte, a fim de que a vontade se materialize.

Sombra: Autoelogio. Estupor. Endurecimento, alheamento. Amargura. Ingenuidade.

Interpretação tradicional:

Positiva: Sabedoria, meditação, concentração no essencial, tempo de recuperar os sentidos, nova valoração dos objetivos de vida/e de seus conteúdos, prudência.

Negativa: Isolamento, pouca energia, doença crônica, retraimento, estupidez, fobias.

Síntese: A carta mostra o bem conhecido arquétipo do velho sábio (Merlin, Talísio, Abraão) como buscador e líder. Ela contém antes de qualquer coisa o recolhimento, a paz exterior, a solidão.

A introversão como pressuposto para se concentrar no que é essencial a fim de cristalizar as próprias prioridades. Ela representa, portanto, uma fase em que – sem nos distrairmos pelas coisas exteriores – passamos a limpo a nossa vida.

As partes da vida que são simbolizadas pelo Eremita podem ser as mais interessantes, as mais valiosas e as mais satisfatórias das experiências. É imprescindível, no entanto, que disponhamos o tempo para o sossego exterior, talvez até procurando-o conscientemente, não nos colocando sob tensão exterior insuportável devido a esperanças inalcançáveis e sucessos exteriores.

Tranquilidade e modéstia, uma agradável forma de humildade e gratidão pela vida são os mais valiosos resultados dessa experiência.

No entanto, só devemos atender ao chamado do Eremita quando a vida, apesar de sua grande agitação e plenitude de acontecimentos, nos parece insípida e superficial ou quando nos arriscamos a nos perder nas caóticas reviravoltas do dia a dia e a sermos tragados pelo sorvedouro dos acontecimentos. A paz do Eremita na verdade não oferece brilho exterior, mas a profunda satisfação de uma vida interior rica e realizada.

Experiência cotidiana: Saber desligar-se. Épocas de maior tranquilidade, recolhimento e satisfação íntima. Períodos de jejum, experiências de meditação e fases de introversão. Tranquila e imperturbada renúncia a hábitos desagradáveis (fumar, comer demais etc.). Reconhecer as próprias prioridades. Estar satisfeito consigo mesmo (e sozinho). Conquistar clareza, aprender a ser modesto.

Na vida profissional ou particular, um tempo sem brilho exterior no qual se concentram as forças e que serve de orientação para a próxima onda de acontecimentos: depois da rigidez do inverno (o Eremita) chega o despertar da primavera.

Quando evitamos esse tema, a carta significa: não obter o que se quer ter a qualquer custo. Procurar companhia, mas continuar só.

Sentir que todas as tentativas de fazer contato com as pessoas são infrutíferas. Ser constantemente frustrado na busca de acontecimentos estimulantes.

X
A RODA DA FORTUNA
The Wheel of Fortune – La Roue de Fortune
Em alemão: *Das Glücksrad* (A Roda da Fortuna);
Das Rad des Schicksals (A Roda do Destino)

Arquétipo: Fortuna.

Letra: Yod = Y, símbolo = dedo indicador, a eternidade, o poder. Valor numérico = 10.

Número: 10 = o símbolo da perfeição. O número da pirâmide de pontos (o *Tetraktys* dos pitagóricos) que é composta pelos números essenciais 1-4 e que em sua multiplicidade se torna outra vez a unidade. 10 dedos, 10 mandamentos, 10 *Sephiroth*, o sistema decimal.

Citação de Jung: "No início, o caminho para o objetivo é caótico e indistinguível, e só aos poucos aumentam as indicações de uma tendência para atingir o objetivo. O caminho não é reto mas, ao que parece, é cíclico. Um conhecimento mais exato mostrou-o em forma de espiral: os temas dos sonhos, depois de determinados intervalos, sempre voltam às formas determinadas que, à sua maneira, apontam para um centro."

Citações:
"O homem está preso à roda do destino, até que saiba escolher conscientemente a liberdade que lhe é dada por Deus. Então ele reconhece a natureza paradoxal da força que o prendeu e que lhe deu o poder para romper as amarras, caso ele se decida a suportar as dores que essa luta traz consigo e, ao mesmo tempo, aceite os perigos da liberdade que encontrará no caminho sinuoso que leva para o alto, a partir da roda quebrada."
— Frances Wickes

"Você não tem de perguntar "por que isso sempre acontece comigo?", pois no âmago do seu ser você sabe que atrai essas coisas involuntariamente, seja lá o que for."
— Beata Bishop

Imagens: Karma, *Kismet* [destino], previsão, o eterno retorno, o sobe e desce do disco solar, o movimento interminável do universo, o fluxo da vida e do destino humanos.

Símbolos no Tarô de Marselha: A roda da vida, que faz com que depois da chuva saia o sol e, depois do verão, venha o inverno. Quanto mais exterior a posição do homem nos contornos da roda (extrovertido) tanto mais violento é o movimento. A roda como símbolo do giro do céu, cujas constelações regem o destino humano.

Anúbis, o deus egípcio com cabeça de chacal e que pesa a alma dos mortos. Tífon, a criatura semelhante ao macaco, o deus da perturbação, da confusão. O lado negativo e tentador da esfinge.

Símbolos no Tarô de Waite: Tífon, em sua forma egípcia, é representado como a serpente Seth. As 4 criaturas da visão de Ezequiel como símbolo dos 4 elementos.

Na roda, TORA e/ou ROTA, entre as letras hebraicas para Deus, YHVH = Providência Divina, perseverança. Também a disciplina imposta à esfinge corresponde à negação do acaso.

No círculo interno, o símbolo alquímico para o enxofre/súlfur 🜍, sal ⊖, mercúrio/Mercúrio ☿, água ♒. No centro, nenhum desenho = o meio não pode ser definido.

Quando no sentido do giro da roda as letras TORA giram nas mais diversas combinações, disso resulta a frase transmitida por Paul Foster Case: ROTA TARO ORAT TORA ATOR, que pode ser traduzida da seguinte maneira: A roda do Tarô proclama a lei de Ator (Hathor, deusa egípcia que corresponde a Ísis).

Mensagens: Uma carta da Idade Média mostra 4 criaturas com 4 enunciados:

Para cima:	*Regnabo*	– Eu dominarei. Crescem orelhas de burro.
Em cima:	*Regno*	– Eu domino. Homem com orelhas de burro.
Para baixo:	*Regnavi*	– Eu dominei. Em vez de orelhas, um rabo.
Embaixo:	*Sum sine regno*	– Estou sem governante. Um ancião.

O destino tem dois componentes: o acontecimento objetivo e o modo como o atingido pelos fatos lida com eles.

Qualidades: Mudança inesperada. O livre jogo das forças.

Objetivo: Aceitação do destino.

Sombra: Fatalismo, resignação.

Interpretação tradicional:
  Positiva: Sorte espantosa, mudanças, reinício.
  Negativa: Mudança para pior, ser expulso, não conseguir intervir nos acontecimentos.

Síntese: A carta do destino leva quase automaticamente à discussão de pontos de vista: livre-arbítrio contra predestinação. Por um lado, parece insuportável pensar que nossa vida esteja predeterminada em todos os seus detalhes; por outro, a proclamação do livre-arbítrio absoluto parece ridícula, visto que ninguém pede nossa aprovação no que se refere aos acontecimentos mais essenciais da vida, ou seja, o nascimento e a morte. Também o argumento de que podemos determinar o tipo de morte e a hora de morrer não convence, pois essa liberdade nada mais é do que uma submissão disfarçada a uma regularidade inabalável.

Entendo por nossa liberdade o modo como lidamos com os acontecimentos do nosso destino:

A calma do Eremita (IX) pode ser vivida como insuportável ou criativa.

Lei e ordem (VIII) como impedimento ou proteção.

A Partida (VII) como uma decisão satisfatória ou um empreendimento assustador.

A Decisão (VI) como uma necessidade intolerável ou como a possibilidade de desenvolvimento da vontade.

A Busca dos Sentidos (V) como uma aventura sem fim ou como um dogmatismo obrigatório.

A Organização (IV) como uma clareza desejável ou como um limitado raciocínio metódico.

A Criatividade (III) como força inesgotável para começar de novo, ou como um labirinto no qual a gente se perde.

A Intuição (II) como fonte de sabedoria inspirada ou como névoa perturbadora.

A Esperteza (I) como força de conhecimento divino ou como uma fria e calculista sagacidade.

No entanto, trata-se do mesmo movimento da roda, que uma pessoa saúda como ascensão (Roda da Fortuna) e a outra teme como falta de movimento (Roda do Destino). O certo, porém, é que a roda continua girando sem parar ou, como um francês do século XV expressou: "Rien ne m'est sur que la chose incertaine". (De nada tenho tanta certeza como da incerteza.)

Quanto mais perto estivermos do cubo da roda, tanto menos a sentiremos girar; quanto mais vivermos na margem exterior, tanto mais violento será o sobe e desce da roda. Isso significa que o homem introvertido será pouco perturbado em sua tranquilidade, ao contrário do extrovertido, que vive constantemente as vibrações dramáticas dos altos e baixos.

Ao indicar TORA, Waite colocou o nome de Deus, YHVH, o símbolo alquímico da transformação e da disciplina da esfinge, em oposição às antigas apresentações da arbitrariedade do destino, e substituiu o temperamento instável da Fortuna pela Providência Divina. Essa reflexão corresponde de certa maneira ao modo de pensar cada vez mais comum: cada um faz exatamente as experiências que são necessárias à sua vida, que ele precisa para continuar (a se desenvolver). Isso significa dar tantos solavancos com seu carro, até aprender a dirigir melhor, até aprender a proteger melhor o valor que seu carro representa, até prestar mais atenção ao modo como ele funciona ou ao que até agora você achou secundário, ou de que não quis tomar conhecimento. Portanto, essa carta tem certa semelhança com a do Enforcado (XII). Ao contrário, temos, no entanto, o movimento para cima, que traz consigo inesperados golpes de fortuna.

Experiência cotidiana: Situações que nos parecem determinadas pelo destino, isto é, sobre cujo andamento não podemos exercer nenhuma influência digna de nota: o vagão U fica preso sem qualquer razão aparente no túnel do trajeto até o aeroporto. Você não pode descer. Nem a maior agitação nem a consulta ansiosa ao relógio de nada adiantam. O melhor é aceitar a inevitabilidade e pensar com toda a calma sobre os passos possíveis que poderá dar para chegar do trem até o avião, no caso de o trem ainda chegar ao aeroporto no último minuto. E pensar no que fará se, de fato, for tarde demais para alcançar o avião. Contudo, se descobrir que a decolagem do avião também será atrasada, você terá vivenciado o movimento ascendente e descendente da roda, em rápida sequência.

	As 10 Sephiroth		Coordenação	Área
	Hebraico	Significado		
1.	Kether	Coroa	âmbito do juízo	o plano divino
2.	Chokmah	Sabedoria (juízo teórico)		
3.	Binah	Inteligência (juízo prático)		
4.	Gedulah (Chesed)	Amor	âmbito dos sentimentos	âmbito do universo
5.	Geburah (Dim)	Justiça (força)		
6.	Tiphareth (Rachamim)	Beleza (misericórdia)		
7.	Netzach	Firmeza	âmbito da natureza	
8.	Hod	Pompa		
9.	Yesod	Fundamento		
10.	Malkuth	Riqueza	resumo	

```
1. Kether (coroa)        = primeiro movimento
2. Chokmah (sabedoria)   = esfera do Zodíaco
3. Binah (compreensão)   = esfera de Saturno
4. Chesed (piedade)      = esfera de Júpiter
5. Geburah (força)       = esfera de Marte
6. Tiphareth (beleza)    = esfera do Sol
7. Netzach (vitória)     = esfera de Vênus
8. Hod (fama)            = esfera de Mercúrio
9. Yesod (fundamento)    = esfera da Lua
10. Malkuth (riqueza)    = esfera da Terra
```

Fonte: Miers, H., *Lexikon der Geheimwissenschaften* [Dicionário da Sabedoria Secreta].

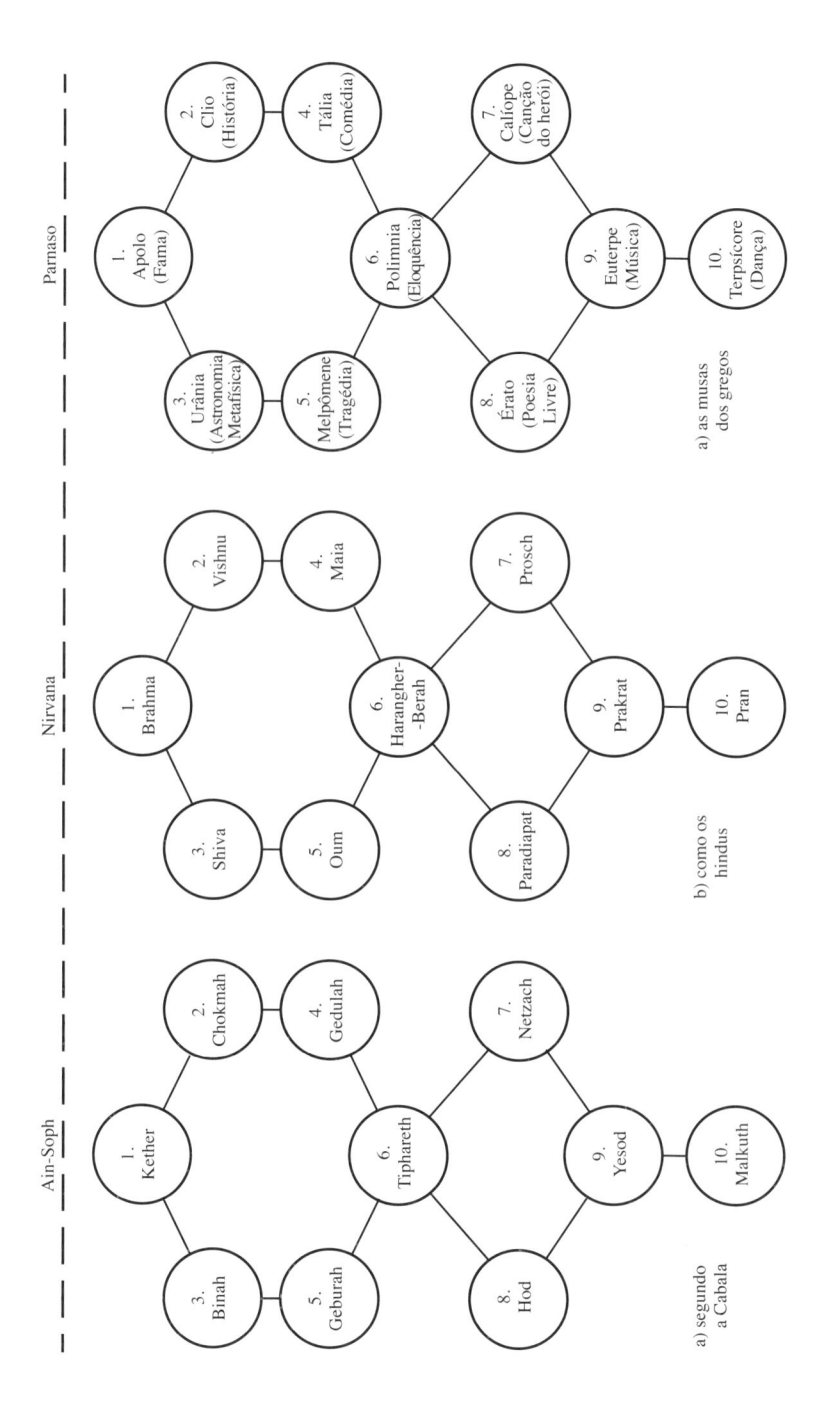

As 10 Sephiroth da Cabala com as Correspondências Hindus e Gregas.

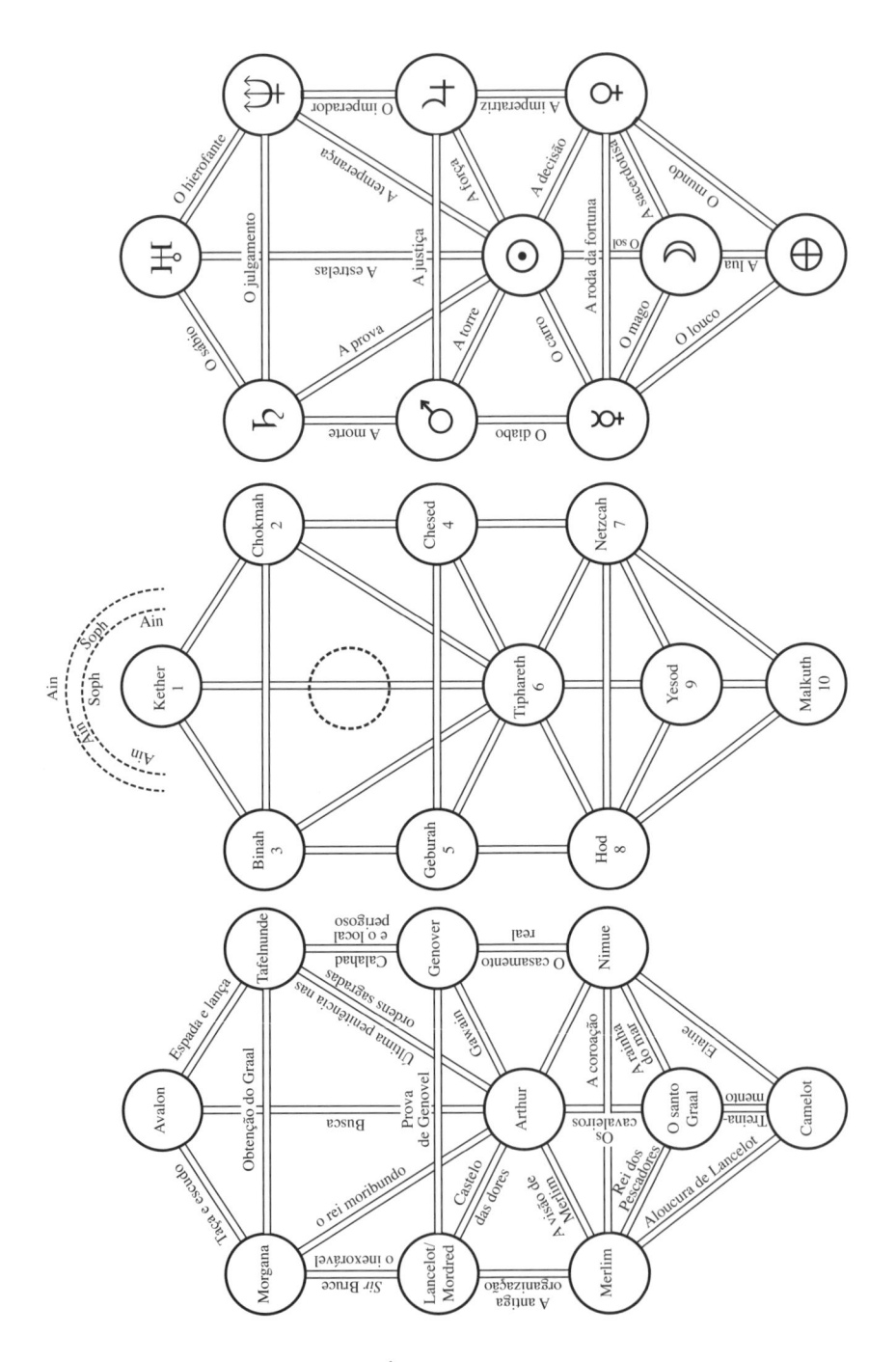

A Árvore da Vida.

XI
(EM WAITE Nº VIII)
A FORÇA

Strength – Force – La Force
Em alemão: *Die Stärke* (A Força);
Die Kraft (O Poder)

Arquétipo: A luta com o dragão.

Letra: Kaph = K, símbolo = mão semifechada, que amassa. Valor numérico 20.

Número: 11 = o número do pecado. Um passo além dos 10 mandamentos. O Carnaval de Colônia começa no dia 11.11 às 11 horas e 11 minutos, e é liderado por um concílio de 11 membros.

Os epagômenos = os 11 dias de diferença entre um ano solar de 365 dias e o ano lunar de 354 dias surgiram da seguinte maneira:

Na época em que o ano ainda tinha 360 dias, certa vez o deus-sol Rá amaldiçoou sua esposa Nut (a mãe dos deuses), porque ela o traía constantemente com outros amantes. Com essa maldição, ela só poderia dar à luz os filhos que tivesse com os amantes ou sob a sua regência ou sob a da Lua (quer de dia, quer de noite).

Para ajudá-la a sair dessa armadilha, um dos seus amantes, Thoth (o ardiloso Hermes), veio ajudá-la. Ele jogou e venceu um jogo de tabuleiro com Selene, a deusa da Lua. Como prêmio, recebeu a 72ª parte do ano (360 : 72 = 5). Estes, ele acrescentou ao ano, que passou a ter, portanto, 365 dias.

Esses dias adicionais começaram com a ascensão da Estrela do Cão, Sírius, em julho. Trata-se dos dias quentes do ano, os dias do cão. Como esses dias não estavam nem sob a regência do Sol, nem sob a regência da Lua, de Rá e de Selene, Nut podia dar à luz. Posteriormente, ao que parece, a deusa da Lua perdeu mais um dia, visto que o ano lunar tem somente 354 dias. "Nesse meio-tempo" houve, em muitas culturas, um corte de tempo no ano, no qual se dava preferência para os acontecimentos "normais". Festas de mulheres, nas quais os homens também se divertiam, festas de lobisomens, atividades relativas às posses. Essas festas, em sua maioria, podem ser consideradas como resquícios de festas do culto a Diana, que corresponde à Ártemis grega, que na época primitiva era considerada a leoa das mulheres.

Citação de Jung: "O erotismo é, e sempre será, problemático, sejam quais forem os parâmetros da futura legislação a respeito. Por um lado, ele está ligado à primitiva natureza animal do homem, que perdurará por tanto tempo quanto o homem tiver um corpo animal. Por outro lado, porém, está ligado à mais elevada forma do espírito. Mas só floresce quando espírito e desejo estiverem em harmonia. Se faltar um ou outro desses aspectos, surgem prejuízos, ou ao menos uma unilateralidade desequilibrada, que logo se torna doentia. Animalidade em demasia desfigura os homens cultos; cultura em demasia gera animais doentes."

Citações:
"Todas as batalhas importantes você trava no seu íntimo. Sua única vitória consiste na rendição a si mesmo."
— SHELDON KOPP

"Sem o animal em nós, seríamos anjos castrados."
— HERMANN HESSE

"Não lutamos contra nossos desejos sombrios com uma virtude vacilante, fraca, que não pode vencê-los, mas com outros desejos apaixonados."
— NIKOS KAZANTZAKIS

Imagens: A virtude cardeal da coragem. Sansão, Hércules, o rei transformado em sapo, Daniel na cova dos leões.

Símbolos no Tarô de Marselha: Ao contrário de Sansão, de Hércules etc., essa mulher se aproxima do leão amavelmente, com cuidado e por trás = o lado inconsciente. O leão foi genericamente associado à sabedoria, mas também à paixão e à natureza instintiva dos homens.

Símbolos no Tarô de Waite: Waite trocou essa carta com a da Justiça. Ela mostra a lemniscata como na do Mago (I). Aqui é visivelmente fechada a boca do leão, isto é, a força já foi contida. O leão pode ser conduzido com uma guirlanda de flores (o jugo suave da lei divina). O leão vermelho representa o ouro alquímico.

Analogias: Gnomos, Dr. Jekill e Mr. Hyde, Conde Öderland.

Mensagem: Domine o animal que existe em você (por meio de uma aceitação amorosa).

Qualidades: Domínio suave, força moral, autodisciplina, coragem, orgulho, controle, energia.

Objetivos: Domesticação, transformação da natureza instintiva por meio de uma aceitação amorosa.

Sombra: O lado perturbador da força, sede de poder. O "gutural".
Ambição desmedida, autovalorização ilimitada. O burguês faminto de sensação, o contador de vantagens; esquisitices, mania de limpeza.

Interpretação tradicional:
Positiva: Confiança, domínio de uma nova força; conseguir entender algo; força espiritual e física; saúde.
Negativa: Perigo de se machucar, ascensão de forças inferiores, falta de gosto.

Síntese: A carta da Força (XI) mostra o domínio e a domesticação da nossa natureza animal (pecadora?). A natureza e a força, a coragem e a energia que aumentam quando essa força primitiva é canalizada. Não se trata aqui de lutar contra ela ou de reprimi-la, mas primeiro de aceitá-la. Com isso vem a concordância de que esses "impulsos inferiores" pertencem a nossos instintos e forças primitivos (e não só aos dos outros).

A alegria da imprensa sensacionalista quando há um novo processo que aumenta a tiragem das edições – ("*bad news are good news*") ["as más notícias são as boas notícias] –, no qual um crime pode ser mencionado com impiedosa sensualidade até os mínimos detalhes graças à capa protetora da liberdade de imprensa, mostra a vivacidade de "Jack, o estripador" a cada leitor. O tom de indignação da sociedade deveria ser de consenso comum; ela deve saber que esses casos são exceções. Mas é aí que está o problema: se não conhecemos o nome do gnomo, isto é, quando não queremos reconhecê-lo dentro de nós, ele nos ataca pela retaguarda e nos leva a comportamentos que fazem o homem civilizado que somos ficar consternado (excessos praticados sob a influência do álcool, manifestação do porco que existe em nós). Só o encontro franco com o nosso lado animal permite que o domestiquemos. Há milhões de leões ignorados que, para posterior susto dos seus possuidores, gritam "sim", quando o Diabo (XV) lhes pergunta: "Vocês querem a guerra total?".

Mas há ainda um outro lado da força indomada do leão: a singularidade e a magnificência desinibidamente vividas, que se tornam vítimas da megalomania e do despotismo ascendentes e da falta de tato do endeusamento do ego.

> "Contra o demônio do orgulho nada podem a disposição da renúncia dolorosa, nem o julgamento de um intelecto moralizador. Pois o prazer do despotismo só aumenta por intermédio de cada trabalho bem-feito, até mesmo por meio de cada intenção moral elevada."
> – PHILIPP METMAN

Os alquimistas, cujo maior objetivo era a transformação de materiais comuns em matéria nobre (ouro, prata), chamavam o elixir necessário à transformação de "A Pedra Filosofal", ou de "O Leão Vermelho". Ele representa o perigo de ceder à atração dos resultados materiais e alquímicos do trabalho e à sedução da fama e do prestígio social associados a eles, em vez de usar essa força primitiva com humildade adequada e contemplar o sucesso da experiência alquímica no mais completo silêncio, como um termômetro da própria transformação interior.

A força feminina representada na carta consiste na harmonia entre a natureza animal e a civilizada dos homens. Ela está no início da 2ª dezena de trunfos e faz contraponto ao Mago (I) que inicia as primeiras 10 cartas, por meio do qual a extroversão é o segredo da harmonia entre consciente e inconsciente.

Experiência cotidiana: Uma época de grande energia, coragem e grande disposição para enfrentar riscos. Sucessos, com reconhecimento público. Empreendimentos. Fases repletas de força e de paixão. Encontro com as nossas forças instintivas (ganância, vingança, vandalismo). Trabalho em si mesmo com psicoterapia, bioenergética etc.

Literatura:

Se digo "coragem", não quero dizer com isso apenas "decisão, coragem", mas quero expressar antes de qualquer coisa o significado mais antigo da palavra, que se pode descrever com "força do pensamento, do sentimento". Entendida dessa maneira, a coragem descreve com exatidão o que acontece quando alguém encontra a plenitude por meio da qualidade. Esse alguém se enche de coragem.

Para defini-la, os gregos tinham a palavra *"enthousiasmos"*, de onde veio a nossa palavra entusiasmo e que significa literalmente "repleto de *theos*" – repleto de Deus ou de qualidade.

Criamos nova coragem quando ficamos suficientemente em repouso (carta IX) a fim de vermos o universo real (carta X), a fim de senti-lo, de ouvi-lo. Não giramos mais em torno das nossas próprias visões isoladas (carta IX – lado sombra). Mas essa coragem não é nada de extraordinário, de excepcional.

É comum vermos esse tipo de coragem em pessoas que voltam de umas longas férias dedicadas à pesca. Muitas vezes, elas acham que têm de se justificar por terem desperdiçado tanto tempo "à toa" e por não poderem fundamentar "sensatamente" sua atividade. Entretanto, os pescadores que voltam das pescarias dispõem de uma reserva espantosa de coragem, sobretudo para enfrentar coisas de que, há uma semana, se sentiam fartos até o pescoço. Não foi perda de tempo! Essa é a impressão que temos por causa da estreiteza de nossos pontos de vista, determinados pela nossa cultura.

Até onde posso ver, há dois tipos principais de desânimo. O primeiro deles nos deixa abatidos devido às circunstâncias exteriores cuja qualidade nos desaponta; o segundo tipo de desânimo deriva dos "bloqueios" causados por circunstâncias que estão predominantemente em nós mesmos.

Contratempos:

Quando você se dedica pela primeira vez a um trabalho maior, por certo há de temer o contratempo da sua elaboração na sequência invertida. Isso ocorre, em geral, no momento em que você acha que estava a ponto de completar a tarefa. Depois de dias de trabalho, terá de recomeçar tudo. Mas... de onde surgiu isso? Uma caixa de bielas? Como pude me esquecer dela? Oh, meu Deus, agora vou precisar desmontar tudo? Você até parece ouvir a coragem se esvaindo: Pfffft.

Nesses casos, nada resta a fazer a não ser recomeçar do início e tentar montar mais uma vez o motor... depois de um descanso de cerca de um mês, enquanto se acostuma com a ideia.

Apesar de todas as precauções, pode acontecer outra vez; você pode colocar um componente na sequência incorreta. Se isso acontecer, é necessário que observe o seu marcador de coragem. Evite a coragem do desespero, que o levará a repor o tempo perdido com trabalho excessivo. Em casos assim, costumam ocorrer ainda mais erros. Dessa maneira, se for preciso desmontar o motor mais uma vez, é imprescindível fazer o já mencionado intervalo.

O contratempo seguinte é o *defeito intermitente*. Nesse caso, o problema está no fato de o defeito desaparecer exatamente no momento em que o queríamos remover. Maus contatos na instalação elétrica são o tipo mais frequente desse contratempo. A interrupção do contato só ocorre enquanto a motocicleta está sujeita à trepidação. É quase impossível eliminar esse defeito. O máximo que podemos fazer é tentar provocá-lo intencionalmente; se não tivermos êxito, então é melhor esquecer a história toda.

Defeitos intermitentes geram desânimo, quando levam à ilusão de que, de fato, consertamos o mecanismo. Recomenda-se andar algumas centenas de milhas depois de cada conserto antes de tirar uma conclusão. Nossos nervos ficam abalados quando esses defeitos tornam a aparecer seguidas vezes; por outro lado, podemos nos consolar com o fato de não sermos tão ruins no trabalho, se por acaso tivermos de levar a motocicleta à oficina e, apesar disso, ela continuar a apresentar o problema. Quando a motocicleta é nossa, sempre poderemos levar as ferramentas necessárias para um conserto de emergência caso o defeito se manifeste outra vez. Se isso acontecer, tenha a coragem de desmontá-la e tentar resolver o problema.

Bloqueios:
1. O mais comum e pernicioso de todos os bloqueios é a *obstinação*. Isso significa a impossibilidade de atribuir novos valores ao que se vê, portanto, a impossibilidade de rever os próprios conceitos de valor. No cuidado com a motocicleta é preciso redescobrir o que se faz. Padrões fixos de valor tornam isso impossível.

A situação mais típica é a motocicleta deixar de funcionar. Os fatos estão ali, mas não os vemos. Temos as condições diante dos nossos olhos, mas elas ainda não têm valor suficiente.

Quando esse tipo de desânimo relativo ao valor ocorre, você precisará sobretudo trabalhar com mais vagar; quer queira quer não, a diferença está no fato de fazer tudo outra vez com consciência, refazer o que você considerava pronto. Então terá de verificar se as coisas que julgava importantes o eram de fato, e... bem... sim, simplesmente cravar os olhos na máquina. Não há nada a dizer contra isso. O melhor é passar algum tempo junto ao motor, observá-lo tal como se observa a linha presa à vara de pescar, e, com certeza, mais cedo ou mais tarde, você sentirá bem de leve nas costas um pequeno detalhe que lhe chama a atenção, assim como o amém que se ouve na igreja. Esse é o princípio que cuida para que o mundo não pare. É preciso manifestar interesse.

Não vejo nenhum exemplo mais compreensível para o ato de apegar-se aos valores do que o da antiga *armadilha para macacos, do sul da Índia,* cujo princípio de funcionamento é o da obstinação. A armadilha consiste em uma casca de coco presa a um poste. Dentro do coco coloca-se um punhado de arroz que o macaco pode pegar através de uma pequena abertura. O buraco é grande o bastante para ele poder enfiar a mão, mas pequeno demais para que consiga tirá-la com o arroz. O macaco enfia a mão e é apanhado na armadilha – mas isso só acontece devido à obstinação. Ele não é capaz de valorizar corretamente o arroz. Ele não consegue reconhecer que a liberdade sem o arroz é mais valiosa do que o aprisionamento com o arroz. Os moradores da aldeia vêm pegá-lo e levam-no embora. Eles se aproximam... cada vez mais... agora! Que conselho geral – nenhum conselho específico, qualquer conselho – você daria ao macaco, digno de pena nessa situação difícil?

Bem, acho que você poderia dizer a ele exatamente aquilo que eu disse a você sobre a obstinação, só que talvez com um pouco mais de ênfase. Há um fato que o macaco deveria conhecer: se ele abrir a mão, estará livre. Mas como descobrir esse fato? Na medida em que desistir dos valores estabelecidos, que dão mais valor ao arroz do que à liberdade. E como o macaco chegaria a isso?

Ele precisaria fazer alguma tentativa para ir conscientemente mais devagar e recomeçar aquilo que supunha ter concluído, a fim de comprovar se o que achava importante era de fato tão importante e... bem, enfim, parar de mexer no coco e observá-lo primeiro durante certo tempo. Mais cedo ou mais tarde, ele sentiria em seus ossos que um pequeno fato demandava a sua atenção. Ele deveria tentar entender esse pequeno fato, tendo em vista o seu grande problema. Esse problema talvez nem seja tão grande como ele imagina. E talvez o pequeno fato também não seja tão pequeno como ele imagina. Essas são, em linhas gerais, as informações que você poderia transmitir a ele.

2. O próximo bloqueio é muito importante. Trata-se do desânimo devido ao *egocentrismo*. A afirmação do ego não é de todo independente da obstinação, mas uma de suas muitas causas.

Se você tem uma opinião elevada a respeito de si mesmo, sua capacidade de conhecimento diminuirá. Sua concentração em si mesmo o isolará da realidade da qualidade. Quando os fatos mostrarem que você só fez bobagens, se inclinará muito pouco a acreditar nisso. E se falsas informações falarem a seu favor, com toda a certeza você aceitará essa imagem agradável como correta. Em qualquer trabalho de conserto de máquinas nos daremos mal se formos egocêntricos. É comum cometer novos enganos, é comum cometer outros erros; e um mecânico que tenha uma opinião exagerada a respeito de suas capacidades está seriamente prejudicado.

Se a humildade não for o seu forte, ainda assim poderá salvar-se desse desânimo se ao menos fingir que é humilde. Quando aceitar, pelo menos uma vez, que seu prejuízo não será muito grande, então sua coragem aumentará, quando os fatos comprovarem sua hipótese. Dessa maneira, poderá manter-se à superfície da água até que chegue o momento em que os fatos comprovem que a hipótese não está certa.

3. O *tédio* é o próximo bloqueio que me ocorre. Sentir tédio significa que você já deixou de lado a questão da qualidade e observa as coisas com outros olhos. Você perdeu a postura que tinha desde o início e compreende que sua motocicleta corre um grande perigo. Ficar entediado significa que você esgotou quase por completo o seu estoque de coragem e que este precisa ser reposto antes de continuar.

Quando você se aborrece, só há uma coisa a fazer: parar imediatamente! Vá ao cinema. Ligue a televisão. Agradeça a bondade de Deus. Faça o que quiser, mas não mexa mais no motor. Caso você não interrompa o trabalho, acontecerá o próximo grande erro e, então, o grande erro e o aborrecimento se unirão contra você e lhe darão um golpe que acabará com o resto de coragem que ainda tiver. Isso significa de fato o seu fim.

Meu melhor remédio contra o tédio é o sono. É fácil adormecer quando se está aborrecido, mas é quase impossível aborrecer-se quando se está recuperado por um bom sono. Meu segundo método predileto é tomar café. Quando esses dois métodos não dão certo, isso pode significar a existência no subconsciente de problemas arraigados que estão desviando a atenção em relação ao trabalho. Esse aborrecimento é um aviso para você se ocupar com esses problemas – aliás, é o que você está fazendo – e para chegar a bons termos com eles antes de continuar o conserto da motocicleta.

A coisa que mais me entedia é limpar a motocicleta. No meu modo de ver, trata-se de pura perda de tempo. Em poucas horas, estará suja outra vez; é só andar um pouco com ela. Uma maneira de não se aborrecer ao executar certas tarefas, como esfregar, trocar o óleo e abastecer, consiste em fazer delas uma espécie de ritual. Trabalhar com coisas a que se está acostumado e com outras a que não se está tem uma estética própria. Eu limpo a motocicleta como vou à igreja, não com a esperança de que aconteça algo de novo, mas para renovar meus conhecimentos com aquilo que já conheço bem. Muitas vezes é bonito percorrer velhos caminhos conhecidos.

A filosofia zen também tem algo a dizer sobre o tédio. Seu exercício mais importante, "simplesmente sentar-se", deve ser a tarefa mais aborrecida do mundo – é como a antiga prática hindu de deixar-se enterrar vivo. Quase não se faz nada; não nos mexemos, não pensamos, não nos preocupamos com nada. O que poderia ser mais tedioso? No entanto, no centro de todo aborrecimento, existe exatamente o que o Zen-Budismo quer nos ensinar. O que será? O que há no centro do aborrecimento que desconhecemos?

Um de vocês poderia perguntar: "Então, se eu escapar de todos esses bloqueios, nada mais pode acontecer comigo?".

A resposta naturalmente é "não"; ainda pode acontecer tudo com você. Você ainda precisa viver corretamente. Seu tipo de vida cria os pressupostos para que escape ao desânimo e veja os fatos certos. Quer saber como se pinta um quadro perfeito? Nada mais fácil. Aperfeiçoe-se e, então, simplesmente pinte. É assim que fazem todos os especialistas. Pintar um quatro ou consertar uma motocicleta não podem ficar à parte do resto da sua vida. Se nos 6 dias da semana em que não trabalha na sua motocicleta você for um pensador relaxado, que providências contra o desânimo poderia tomar, que truques fariam subitamente de você um pensador arguto no 7º dia? Tudo está correlacionado.

No entanto, se você for um pensador relaxado durante os 6 dias da semana, mas no 7º se esforçar bastante para pensar com sagacidade, então talvez você deixe de ser um pensador tão relaxado nos próximos dias, como aconteceu na semana precedente. Acredito, de fato, que "desânimos" são atalhos para uma vida correta.

A motocicleta na qual se trabalha somos nós mesmos. A máquina que aparentemente "está lá fora" e a pessoa que aparentemente "está aqui dentro" não são, na verdade, duas coisas separadas. Crescem juntas em qualidade ou distanciam-se dela.

– Robert M. Pirsig
Zen oder die Kunst ein Motorrad zu warten
(Zen ou a arte de consertar uma motocicleta)

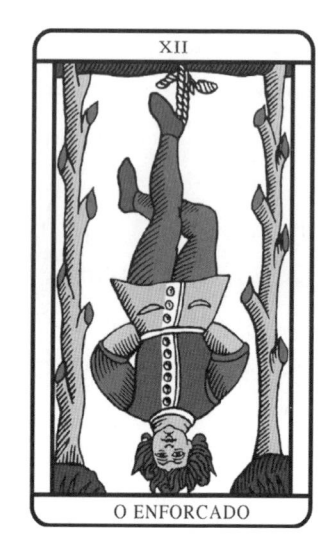

XII
O ENFORCADO

The Hanged Man – The Hanging Man – Le Pendu
Em alemão: *Der Gehängte* (O Enforcado);
Die Prüfung (A Prova)

Arquétipo: A prisão.

Letra: Lamed = L, símbolo = braço estendido, sacrifício. Valor numérico = 30.

Número: 12 = 3 × 4 = O limite de tempo da realidade humana.
1 + 2 + 3 + 4 + 5 + 6 + 7 + 8 + 9 + 10 + 11 + 12 = 78
78 é o número total das cartas do tarô.
12 horas diurnas e 12 horas noturnas, 12 meses.
Jesus aos 12 anos no templo.

Citação de Jung: "O inconsciente sempre tenta evocar outra vez situações impossíveis a fim de obrigar o indivíduo a dar o melhor de si. [...] Se não nos satisfizermos com menos do que o melhor, e não nos aperfeiçoarmos, não nos realizaremos. É necessária uma situação impossível para que desistamos da própria vontade e do próprio cabedal de pensamentos por ser impossível fazer qualquer coisa, a não ser confiar na força impessoal do crescimento e do desenvolvimento."

Citação:

"Sentar-se firmemente – esse é o momento vazio da consciência."
— Robert Pirsig

Imagens: A calma forçada. Estar preso na armadilha. Introversão. Ficar de cabeça para baixo.

Símbolos no Tarô de Marselha: A nuvem do êxtase – neste, os cabelos azuis; em outros baralhos, a auréola. As pernas cruzadas = 4 (cruz). Também uma alusão ao Imperador.

Cabeça e parte dos braços = 3 (triângulo) – 3 × 4 = 12.

A cruz terrena sobre o triângulo divino = Jesus, que carrega a cruz; Atlas, que carrega a esfera do mundo.

Símbolos no Tarô de Waite: A cruz Tau (árvore), símbolo dos adeptos (iniciados), símbolo da divindade e da consagração. As pernas representam a cruz dos gnósticos. Ao contrário do que ocorre na maioria dos outros jogos, Waite apresenta o Enforcado (XII) pendurado pela perna direita, indicação de que esse estado foi conscientemente procurado. Os brotos na madeira significam que já se forma uma nova força. A figura corresponde à que se mostra ereta na carta o Mundo (XXI). O 12 é um 21 "invertido".

Segundo plano: Pela imobilidade exterior é possível desenvolver-se a liberdade interior. De cabeça para baixo durante um tempo mais demorado notamos melhor o ritmo cardíaco. O ritmo do "eu sou". Os místicos orientais denominam esse ritmo de "nada"; a (respectivamente, microcosmo = macrocosmo) "batida cardíaca" do absoluto respectivamente corresponde à do Universo.

Analogias: Segundo o *Edda**, Odin ficou pendurado durante 9 dias na árvore do mundo, Yggdrasil. Quando caiu, havia descoberto as runas, era um sábio e um mago poderoso:

"*Ich weiss, dass ich hing*
Am windigen Baum,
Neun Nächte lang,
Mit dem Ger verwundet,
Geweiht dem Odin,
Ich selbst mir selbst.
An jenem Baum, da jedem fremd
aus welcher Wurzel er wächst."

[Sei que pendia / da árvore flexível, / Durante nove longas noites, / Ferida pela lança / Dedicada a Odin, / Eu mesma me feri / No galho da árvore; / Não é possível descobrir / De qual raiz ela cresceu.]

A Árvore do Mundo fica no colo da Mãe Terra, perto do ônfalo, o umbigo do mundo, e une as camadas deste na medida em que chega com suas raízes aos mundos subterrâneos e atinge o céu com sua coroa. De Yggdrasil flui mel, que dá força e sabedoria. Essa árvore cresce (como muitas das árvores dos xamãs) do céu para a terra. A

---

* Livro sagrado dos povos nórdicos. (N. da T.)

feiticeira Völva "sobe" para a sua coroa embaixo (!) por 9 degraus (ou 9 galhos) e chega aos 9 mundos.

Segundo o *Edda*, com a ajuda das 12 runas mágicas, o Enforcado pode responder a todas as perguntas lá da sua forca.

A crucificação invertida de Pedro, com a qual ele quis representar os homens tais como eram antes de Lúcifer inverter a velha organização das coisas. Conta-se que ele disse na cruz: "Se não aceitardes o elevado e o superior, bem como o inferior, não alcançareis o Reino".

Mensagem: "De cabeça para baixo, vejo o mundo com outros olhos."
– SHELDON KOPP

Qualidades: Aceitação do destino e busca pelo significado mais profundo.

Objetivos: Salvação, maturidade, encontro da sabedoria, a submersão salvadora.

Sombra: Resignação, renúncia de si mesmo.

Interpretação tradicional:
Positiva: Mudança de vida, dedicação completa, iniciação, abertura espiritual, sacrifício por uma causa valiosa. Paz interior, nova visão do mundo.
Negativa: Falsa profecia, arrogância, resistência contra influências espirituais, renúncia de si mesmo, medo, passividade, esgotamento, infidelidade.

Síntese: O número 12 representa o fim de um ciclo que, se tiver de continuar, começará de novo com o número 1. Morte sacrificial e ressurreição são as estações arquetípicas nessa fronteira.

O sacrifício, o autossacrifício, o sacrifício de objetivos, de presunções, de opiniões e até mesmo do valor pessoal são os temas que pertencem à carta do Enforcado (XII). Ficar preso, ficar num aperto, sentir-se impotente, estar condenado à inatividade são por certo as experiências mais frequentes vividas nessa associação. É como se, de modo inesperado, o destino dissesse "xeque-mate". E então é preciso abandonar toda a estratégia tão bem pensada a fim de escapar a esse xeque-mate. O denominador comum desses obstáculos é que eles não são de fato ameaçadores, mas na verdade incômodos; às vezes nem se toma logo conhecimento deles, mas depois mostram uma teimosia que nunca poderíamos supor possível. Só se deixam vencer quando aprendemos a lição que lhes é inerente. Esta, por sua vez, é de surpreendente profundidade.

Como última carta no ciclo de 12, o Enforcado representa a prova, que tem de ser cumprida antes que novo ciclo se inicie. Ao mesmo tempo, renuncia-se a hábitos desenvolvidos com o correr do tempo, a pontos de vista e a outras coisas mais, substituindo-os pela disposição de abrir-se às experiências do próximo ciclo. É diferente daquilo que acontece com a carta seguinte, a Morte (XIII), em que nos é tirado algo pessoalmente importante. Contudo, é por meio desse estado, que consideramos muitas vezes insuportável e que perdura até estarmos dispostos a adotar novos pontos de vista, que vem a iluminação.

Portanto, esta carta também simboliza os ritos iniciáticos e as provas pelas quais passam os futuros adeptos. Como, entretanto, eles procuram conscientemente esse estado, a figura de Waite está pendurada pela perna direita (o lado consciente).

Experiência cotidiana: Pausas forçadas, distribuição de atividades; ficar sentado no refúgio de esqui bloqueado pela neve; o carro que "justamente agora" não quer funcionar; fechar a porta da casa ficando inadvertidamente do lado de fora; fechar um negócio e só depois verificar que deixou de comprar algo de suma importância; desejar viajar e não poder fazê-lo por não encontrar o passaporte etc. Naturalmente, também, descansos forçados mais duradouros (por exemplo, no caso de uma doença), que não só atuam em aspectos parciais da vida, mas também mudam por completo a posição da pessoa diante dela.

Excerto literário:

Exemplificando: um parafuso pode estar preso à tampa lateral da sua motocicleta. Você procura uma justificativa para ele no manual a fim de descobrir se há alguma razão especial que não permite que ele se solte, mas só encontra no lacônico estilo técnico uma informação que não explica o que você quer saber.

Fato comprovado: você não tem experiência e fica tentando com todas as forças arrancar o parafuso com a sua chave de fenda, um procedimento que até agora sempre deu certo, mas que, nesse caso, apenas deformou a fenda do parafuso.

Seus pensamentos já estavam adiante, você já imaginava o que fazer assim que retirasse a tampa lateral e, portanto, demora certo tempo até descobrir que esse pequeno insucesso com um parafuso quebrado não é apenas um pequeno incidente. Você está encurralado! Acabou-se. Terminou. Por fim, o conserto da motocicleta tornou-se impossível.

Esse não é um fenômeno incomum na ciência. Aliás, é dos mais frequentes. A pessoa simplesmente fica sem ação.

Nesse momento, o manual também não ajuda. O bom senso científico tampouco. Não é preciso nenhuma experiência científica para descobrir o erro. Você já sabe qual é. Mas não sabe o que fazer. Trata-se de um profundo golpe na autoconsciência. Perde-se tempo. Fica-se impotente. Não se sabe o que fazer, e a pessoa sente vergonha de si mesma. O melhor seria levar a máquina para um mecânico profissional que sabe resolver esse tipo de problema.

É bastante normal que em momentos assim sejamos atacados pela síndrome do medo e da raiva e que prefiramos destroçar a capa lateral com um martelo e uma talhadeira. Ficamos pensando. Quanto mais pensamos, maior é a vontade de levar a moto até uma ponte e jogá-la no rio. Pois, na verdade, não dá para aceitar o fato de que se possa fracassar diante da fenda tão minúscula de um simples parafuso.

Na verdade, nos encontramos diante do grande desconhecido, o vazio do pensamento ocidental. É necessário ter alguma ideia, estabelecer algumas hipóteses.

Tentemos com um novo julgamento da situação, aceitando que o nosso aprisionamento na armadilha seja o ponto zero da nossa consciência, que não se trata da pior de todas as situações, mas sim da melhor de todas. Afinal, é justamente essa a situação que os zen-budistas procuram alcançar com tanto esforço. Nosso espírito está vazio, "nos desapegamos", assumindo a postura espiritual do "reinício constante". Para variar, é bom aceitar o fato de que, se estamos detidos sem ideias, isso talvez seja melhor do que se tivéssemos muitas ideias.

No início, você achará que a solução do problema não é importante ou talvez nem valha a pena o esforço; mas o fato de estar detido, com o tempo, revela o seu sentido mais profundo. Pareceu-lhe sem importância porque a sua posição anterior, que o levou a essa pausa forçada, a fez parecer assim. Bem, agora raciocine a respeito do fato de que esse estado de sentir-se imobilizado – tanto faz você se ater a ele ou não – desaparecerá impreterivelmente. O seu espírito se moverá rumo a uma solução com toda a naturalidade e liberdade. Você não pode impedir isso, a não ser que seja um verdadeiro mestre da obstinação. O medo de ficar detido é infundado, pois quanto mais tempo ficar detido tanto melhor experimentará a qualidade de sua consciência, que, a cada vez, faz com que encontre uma solução.

Não devemos tentar impedir a pausa forçada. Ela é o precedente psíquico de toda a verdadeira compreensão.

Em geral, parafusos são tão pequenos, simples e baratos que não lhes damos importância. Mas agora que a consciência da qualidade despertou em você, torna-se claro que esse determinado parafuso não é nem barato, nem pequeno ou sem importância. Nesse momento, esse parafuso tem o valor de venda da motocicleta inteira, visto que ela é totalmente destituída de valor enquanto não se puder tirar o parafuso. Junto com essa nova valorização do parafuso vem a disposição de ampliar o seu horizonte.

Qual será a solução não é importante, visto que apenas demonstra qualidade. Todas as soluções são fáceis – depois que as descobrimos. Mas só se tornam fáceis depois que já as conhecemos!

– ROBERT M. PIRSIG
Zen oder die Kunst ein Motorrad zu warten
(O Zen ou a Arte de Consertar uma Motocicleta)

XIII
A MORTE
Death – La Mort
Em alemão: *Der Tod* (A Morte)

Arquétipo: A morte.

Letra: Memm = M, símbolo = água, claridade, mulher. Valor numérico = 40.

Número: 13 = o número do azar. O círculo se completa com 12 (relógio, calendário); se ele não recomeçar com o 1, a circulação termina. Soaram as 13!

Outros povos o consideram um número de sorte: Jesus e os 12 = 13. No 13º dia após o nascimento de Cristo, apareceu, aos Reis Magos, a estrela-guia.

Um número sagrado antes da introdução do ano solar. O ano lunar tem 13 luas. Somente depois da maldição da deusa da Lua o 13 tornou-se "a dúzia do diabo", e sexta-feira 13 um dia de azar, justamente porque esse era o dia da deusa-mãe Freia. Na Grécia, festejava-se no dia 13 ou 15 de agosto a dança da deusa da morte, Hécate. Mais tarde essa festa transformou-se na Assunção de Maria.

Valor numérico 40 = época bíblica: viagem pelo deserto. Duração de uma geração; Moisés no Sinai; Jesus no deserto; Jesus aparece aos apóstolos; Elias viaja para Horeb; 40 dias de jejum antes da Páscoa. Segundo Agostinho, o embrião só adquire alma depois do 40º dia da gravidez.

Citação de Jung: "Aceitar o fato de que a gente acaba junto com o tempo é uma espécie de vitória sobre o tempo. Não querer viver tem o mesmo significado de não querer morrer. Ser e desaparecer pertencem ao mesmo trajeto da flecha. Quem não acompanha esse trajeto fica vibrando no ar e torna-se surdo. A partir da meia-noite, só fica vivo quem tiver vontade de morrer com vida."

Citações:
"O fato central da minha vida é a minha morte. Depois de algum tempo, tudo se dissolve no nada. Sempre que tenho a coragem de encarar esse fato de frente, minhas prioridades se tornam claras. [...] Não desperdiço energias com ilusões. Minha imagem não tem importância. Não me pergunto se estou agindo com acerto ou não: faço o que faço e sou o que sou. Basta!

– Sheldon Kopp

"Senhor, ensina-nos a contar os nossos dias a fim de termos um coração sábio."

– Salmos, 90:12

"A palma joga suas folhas e frutos fora quando maduros.

O Papalagi (o branco) vive como se a palma quisesse reter folhas e frutos. Ele diz: São meus! Vocês não poderão tê-los e comê-los. De que maneira a palma poderia dar novos frutos? A palma tem mais sabedoria do que o Papalagi."

– Papalagi

"Em verdade, em verdade vos digo: Se o grão de trigo, caindo na terra, não morrer, fica ele só; mas se morrer, produz muito fruto."

– João, 12:24

"Nada é mais criativo do que a morte; pois ela contém todo o mistério da vida. Significa que é necessário abandonar o passado, que não é possível fugir ao desconhecido, que o EU não pode ser eterno e que nada está estabelecido definitivamente. Quando um homem sabe disso, vive pela primeira vez em sua vida. Quem segura a respiração a perde, mas se a deixar fluir ele a encontra."

– Alan W. Watts

Imagens: "Todo o mundo", Saturno – Deus do tempo, o Homem da Foice, o conto "A Comadre Morte". A peste (a morte negra). A morte como liberação, como a volta ao lar. A morte como amiga e companhia constante.

Símbolos no Tarô de Marselha: O esqueleto mostra a necessidade de dissolver a identificação com o seu corpo.

A foice da Lua minguante (Hécate, também Astarte, a deusa do tempo, das marés e da transformação).

Tempo de colheita.

Em muitos baralhos, o nome da carta não é escrito por medo de que venha aquela cujo nome é pronunciado.

A posição dos braços e da foice lembra o símbolo de Saturno.

Símbolos no Tarô de Waite: Em vez da morte, um dos cavaleiros do Apocalipse com a bandeira preta; dentro, a rosa mística, símbolo da vida e dos desejos purificados. No elmo, uma pena vermelha, símbolo alquímico da Pedra Filosofal. O rio como imagem do movimento eterno e do desenvolvimento; sobre ele o barco fúnebre do faraó = o caminho para uma nova vida.

Segundo plano: O sol como símbolo da imortalidade. Rei, mulher e filho se ajoelham, ao passo que o sacerdote enfrenta a morte de pé = força dada pela certeza da fé.

A morte é a passagem natural para a próxima etapa da existência.

Analogias: As várias pequenas mortes. As cerimônias de iniciação que contêm uma imagem do significado da fase da morte.

Mensagem: Nada é duradouro.
Diante da morte, todos são iguais (democracia total). Morrer é a experiência mais intensa e talvez a mais viva da vida, e não se identifica com fingir-se de morto.

Qualidades: O grande desapego; morra e transforme-se, diga adeus.

Objetivos: Criar lugar para o novo; voltar para casa.

Sombra: Fingir-se de morto. Medo de morrer.

Interpretação tradicional:
   Positiva: Perturbação com a mudança próxima e com a renovação (que ainda não está nessa carta). Fim de uma fase, de um sentimento etc. (Ter de) desistir de hábitos.
   Negativa: Estagnação prolongada; força vital decrescente; catástrofe, medo, pânico.

Síntese: O incompreensível nessa carta aparece de maneira bem evidente em uma velha canção dos soldados franceses, cujo teor é o seguinte: "Cinq minutes avant sa mort il vivait encore". (Cinco minutos antes de sua morte, ele ainda vivia.)

Em todos os baralhos antigos essa carta não era nomeada por medo de que a indesejada pudesse vir, mal se pronunciasse o seu nome. Ela chamava-se "A Indizível", entre outros nomes. Somente neste século os jogos surgiram com o nome, como é o costume nos trunfos.

Se por meio disso o incompreensível se torna mais compreensível, depende. Por certo, a morte continua sendo um tabu, e a disposição de confrontar-se com ela não é maior hoje do que nos tempos antigos. Acontece que hoje estamos mais bem organizados e, no convívio diário com a morte, simplesmente delegamos a responsabilidade às várias clínicas que existem por aí. O agonizante é deixado sozinho nos hospitais, com seu último medo diante do grande acontecimento da sua vida.

"Você me parece estar bem melhor" etc. são os floreios que indicam o tabu ainda existente, e o doente, sabendo muito bem que esse "consolo" é uma mentira, sujeita-se a esse jogo indigno, a fim de não afastar dali os seus últimos visitantes.

Precisamos aprender a entender a morte de outra maneira. A lei da polaridade à qual estamos sujeitos nos ensina que só podemos pensar usando os pares de opostos, compreendendo-os e experimentando-os: se não houvesse noite, não tomaríamos conhecimento do dia; sem dor não haveria alegria e não existiria a sorte se não houvesse o azar. Isso também significa, naturalmente, que sem a morte tampouco poderíamos experimentar a qualidade da vida. Desse modo, a vida só adquire significado pelo fato de termos de morrer; ela só se torna significativa diante da morte.

Os relatos de "falecidos" (pessoas consideradas clinicamente mortas e que foram trazidas outra vez à vida) podem ser divididos em dois grupos: os que não se lembram absolutamente de nada; há outros que falam sobre uma experiência muito agradável e sobre uma intensa sensação de liberdade. Não conheço nenhum relato sobre alguma experiência terrível.

Tenho a sensação de que confundimos aquilo que denominamos "imaginar que morremos" com o ato de morrer. Imaginar que morremos significa ter medo e ficar paralisado por esse medo. Associamos essa experiência com uma sensação de frio e de solidão. Diferentemente, os relatos dos agonizantes são tão vívidos que podemos até presumir que morrer talvez seja a experiência mais intensa da nossa vida.

Ter medo da morte também indica ter medo de grandes experiências. Em um âmbito mais profundo, morte e sexualidade muitas vezes são associadas, e o orgasmo é denominado de "a pequena morte". Medo da morte e medo de perder a identidade num orgasmo e de se entregar, portanto, são sinônimos. O preço que pagamos pela manutenção do tabu relativo à morte é o prazer degenerado para o âmbito genital.

Compreender a morte, não como nossa arqui-inimiga, mas como a experiência que pertence à nossa vida com tanta naturalidade como a respiração – esse deve ser o nosso objetivo. As imagens que mostram o momento em que rompemos a barreira do tabu são: a morte vista como uma liberação; como uma volta ao lar; como uma liberação da prisão da carne; como a ansiada portadora da paz e como uma organizadora do que está para vir de novo.

Isso também vale, naturalmente, para as várias pequenas mortes que temos de morrer durante toda a nossa vida. Sempre que somos forçados a desistir de algo a que nos apegamos, sempre que precisamos nos despedir, morremos um pouco.

Mas exatamente quando a carta da Morte (XIII) representa o final de um drama de relacionamento ou o fim de um ciclo muitas vezes repetido de circunstâncias desagradáveis, seu efeito libertador fica significativamente claro. Isso, no entanto, não quer dizer que também as mais dolorosas experiências de perda sejam interpretadas com essa carta.

Experiência cotidiana: Todas as experiências que têm a ver com finais, com renúncia, com despedidas, com desapegos (obrigatórios). Final (liberador) de relacionamentos; despedida/demissão de empregos ou ter de sair da casa em que mora; ter de desistir de tarefas e de trabalhos (desagradáveis), ou de hábitos arraigados. Todos os acontecimentos relativos a perdas – como separações não desejadas –, ao fato de termos sido roubados, e assim por diante.

História:

Era uma vez, conta a história, um rapaz que vivia em Isfahan como criado de um rico mercador. Uma bela manhã, despreocupado e com a bolsa cheia de moedas retiradas dos cofres do mercador para comprar carne, frutas e vinho, ele cavalgou até o mercado; aí chegando, deparou-se com a Morte, que lhe fez um sinal como que para dizer alguma coisa. Aterrorizado, o rapaz fez o cavalo dar meia-volta e fugiu a galope, pegando a estrada que levava a Samara. Ao anoitecer, sujo e exausto, chegou a uma estalagem dessa cidade e, com o dinheiro do mercador, alugou um quarto. Nele entrando, prostrou-se na cama, entre fatigado e aliviado, pois lhe parecia ter conseguido lograr a Morte.

No meio da noite, porém, ouviu baterem à porta, e no umbral ele viu a Morte parada, de pé, sorrindo amavelmente.

– Por que você está aqui? –, perguntou o rapaz, pálido e trêmulo. "Eu só a vi esta manhã na feira, em Isfahan."

E a Morte respondeu:

– Ora, eu vim buscá-lo, conforme está escrito. Pois quando o encontrei esta manhã na feira, em Isfahan, tentei lhe dizer que nós tínhamos um encontro esta noite em Samara. Mas você não me deixou falar e simplesmente fugiu em disparada.

– Citado segundo: Liz Greene,
Schicksal und Astrologie (A Astrologia do Destino*).

Excerto literário:

O Vento de Djemila

Há lugares em que o espírito morre a bem de uma verdade que ele nunca nega. Quando fui a Djemila, imperava um silêncio premente sobre tudo – imóvel como os pratos equilibrados de uma balança. Alguns gritos de pássaros, os sons abafados de uma flauta com três furos, os passinhos miúdos das cabras – todos esses ruídos me trouxeram pela primeira vez à consciência o silêncio e o desconsolo do lugar. De vez em quando, o ruflar de asas e o grito de um pássaro que levantava voo das ruínas. Cada caminho, cada trilha entre restos de casas, as grandes ruas calçadas entre as colunas brilhantes, o fórum num altiplano entre o Arco do Triunfo e o Templo – tudo terminava naqueles abismos que cercam Djemila por todos os lados, que se espraia como se fosse um baralho com as cartas esparramadas sob o céu infinito. E lá nos sentimos sós e cercados pelo silêncio e pelas pedras; o dia passa, as montanhas parecem crescer e tornam-se cor de

---

* São Paulo: Pensamento, 2ª edição, 2023.

violeta. Mas o vento sopra sobre o planalto de Djemila. No meio dessa magnífica confusão de sol e vento, e de ruínas banhadas de luz, o passado silencioso da cidade morta se infiltra cada vez mais nos homens e os deprime.

É preciso bastante tempo para se chegar a Djemila. Não é uma cidade na qual se para no intuito de prosseguir viagem depois. Djemila não leva a lugar algum e não há paisagens para se ver. Trata-se de um lugar que se abandona logo. A cidade morta fica no fim de uma longa estrada sinuosa, que parece não ter fim e que, por essa mesma razão, parece tão cansativamente longa. Afinal, bem no meio de altas montanhas, sobre o planalto descorado, surge o esqueleto de uma floresta petrificada: Djemila, parábola do visível vazio por toda parte, que só um coração batendo apaixonadamente no peito nos permite alcançar no mundo. Lá, no meio de umas poucas árvores, está a cidade morta, que se defende com todas as suas montanhas e ruínas contra a admiração barata, a incompreensão pictórica e os sonhos insensatos.

Vagamos nesse brilho tórrido durante todo o dia. Aos poucos surgiu o vento, que antes do meio-dia mal dava para notar; ele parecia aumentar de intensidade a cada hora que passava e parecia encher todo o país. Vinha de longe, de uma brecha entre as montanhas do lado leste, corria do horizonte nessa direção e se arremessava em rajadas por entre as ruínas banhadas de sol. Eu adejava como uma vela ao vento. Meu estômago se contraiu; meus olhos ardiam, meus lábios se racharam e minha pele ressecou até que mal a sentia. Até esse momento era através dela que eu decifrava a escrita do mundo, os desenhos de sua benevolência e de sua ira, quando o hálito do verão a aquecia ou a geada com suas garras de frio a agredia. Mas agora, chicoteado e sacudido, ensurdecido e esgotado pelo vento, perdi a sensibilidade da superfície que mantinha o meu corpo. O vento me erodira como a maré vazante e enchente faz com um pedregulho, e me desgastara até deixar minha alma a nu. Agora, eu apenas fazia parte daquela força que fazia de mim o que queria, e que cada vez se apossava de mim de maneira diferente, tomando posse do meu ser até que, por fim, me possuía por inteiro. Eu lhe pertencia de tal modo que o meu sangue pulsava no seu ritmo e rumorejava como o coração todo-poderoso da natureza presente em toda parte. O vento me transformou num pertence da minha deserta e tórrida circunvizinhança; seu abraço fluido me petrificou até que eu, pedra sob pedras, fiquei solitário e imóvel como uma coluna ou uma oliveira sob o céu ensolarado.

O vento violento e o banho de sol esgotaram toda a minha força vital, que mal movia em mim suas asas impotentes, mal se esforçava por se queixar, que não se defendia. Por fim, derramado em todos os ventos, me esqueci de tudo, até de mim mesmo, tornei-me esse vento lamuriento e essas colunas e esse arco, esse ladrilho brilhante e essas pálidas montanhas ao redor da cidade abandonada. Nunca em toda a minha vida senti com tal intensidade ambas as coisas ao mesmo tempo: minha própria dissolução e minha presença neste mundo.

Sim, eu existo; e cada vez fica mais claro que estou tocando um limite, como um homem aprisionado para o qual tudo existe; mas também como um homem que sabe que "amanhã" será como "ontem" e que um dia será igual ao outro. Pois, quando um homem toma conhecimento de que existe, ele não espera mais nada. As paisagens mais banais refletem um estado de espírito. Mas eu procurei neste país, por toda parte, algo que não me pertencia, mas que partia dele; uma certa amizade com a morte, na qual nos entendêssemos. Entre as colunas, que agora lançam sombras enviesadas, meus medos se dissolveram como pássaros feridos na clara secura do ar. Todo medo provém de um coração vivo; no entanto, cada coração encontrará a paz; isso é o que eu sei, e nada mais. Quanto mais o dia se aproxima do fim, tanto mais descorado e silencioso se torna o mundo sob a chuva de cinzas da escuridão crescente; tanto mais perdido e impotente eu me sentia contra aquela revolta lenta e interior que diz "não".

Poucos homens entendem que existe uma recusa que nada tem que ver com renúncia. O que significam aqui palavras como futuro, profissão ou progresso, ou a evolução do coração? Quando obstinadamente não quero ouvir nada sobre "mais tarde", isso acontece sobretudo porque não quero, sem mais, renunciar à minha atual riqueza. Como um jovem, não quero acreditar que a morte representa o início de uma nova vida.

Para mim, ela representa uma porta que se fecha. Não digo: trata-se de um limiar que é preciso transpor – para mim ela é uma aventura terrível e suja! Todos os argumentos que querem me impingir é que ela tira o fardo que os homens carregam. No entanto, eu vejo o grande pássaro com seus volteios pesados circular sobre Djemila e peço por determinado fardo de vida e o recebo. Apegar-me por inteiro a esse desejo: suportá-lo – o resto já não tem importância. Sou jovem demais para falar a respeito da morte. Mas se fosse preciso – aqui eu encontraria a palavra certa, que entre o susto e o silêncio reconhece com clareza uma morte sem esperanças.

Vive-se com algumas poucas ideias conhecidas – duas ou três. Conforme a região em que crescemos e as pessoas que encontramos, nós as polimos e lhes damos outra aparência. A fim de termos ideias próprias sobre as quais falar, precisamos de dez anos pelo menos. Enquanto isso, porém, o homem vai se familiarizando com o lindo semblante do mundo. Até então, ele o encara de frente. Mas depois ele precisa dar um passo para o lado e observá-lo de perfil. Contudo, um homem jovem encara o mundo de frente: ainda não teve tempo para se acostumar com ideias sobre a morte ou sobre o nada, embora às vezes seja atormentado por elas.

Mas juventude é exatamente isso: esse amargo diálogo com a morte, esse medo físico do animal que ama o sol.

Ao contrário do que se afirma, a juventude não se preocupa com essas coisas. Não tem tempo nem inclinação para isso. Estranho: diante dessa paisagem montanhosa, diante dessa sombria solidão do grito petrificado que se chama Djemila, diante dessa esperança morta e dessas cores esmaecidas, compreendo que, para um homem ter o valor de ser chamado de homem, ele tem de renovar esse diálogo com a morte, renegar suas poucas ideias e redescobrir aquela inocência e correção que brilhavam nos olhos dos homens antigos que enfrentavam livremente o seu destino. Ele reconquista a sua juventude, mas só na medida em que estender a mão para a morte.

Quanto desprezo pelas doenças! A doença é um remédio contra a morte, para a qual ela nos prepara. A primeira coisa que o aprendiz aprende na sua escola é a autocompaixão. Ela ajuda o ser humano em sua esforçada tentativa de se furtar à certeza absoluta da morte. Mas eu vejo Djemila e sei: o único progresso verdadeiro da cultura, que de tempos em tempos um homem realiza para si, está em morrer com consciência.

Sempre fico espantado com o fato de nossas ideias sobre a morte serem tão escassas, visto que nossos pensamentos se voltam celeremente em várias direções. A morte ou é boa ou é má. Ou nós a chamamos ou fugimos dela (como se diz). Mas isso também prova que o mais simples pensamento sobre a morte está além do nosso alcance.

O que é isso a que chamamos "azul"? Como podemos pensar sobre o azul? O mesmo vale para a morte. Não podemos falar sobre cores ou sobre a morte. Digo para mim mesmo: preciso morrer; mas o que é isso? Não posso acreditar nisso, nem fazer a experiência, a não ser nos outros. Já vi pessoas e cães morrerem. A coisa mais terrível é tocar neles. Nessas ocasiões, penso em flores, no sorriso das mulheres, no amor e compreendo que o meu medo à morte nada mais é do que o oposto da minha vontade de viver. Tenho inveja de todos os que viverão no futuro, e que sentirão a verdade das flores e das mulheres na carne e no sangue. Sinto inveja, porque eu mesmo amo demais a vida e a amo com egoísmo predestinado. O que me importa a eternidade? Algum dia, talvez eu esteja preso a uma cama, e alguém me dirá: "Vamos, você não é covarde, portanto, serei franco. Morrerá logo". E lá estarei deitado, com toda a minha vida, com todo o medo que me fecha a garganta, e olho para a pessoa, completamente perplexo. O sangue aflui à minha cabeça e sinto minhas têmporas pulsarem. Provavelmente, destruirei a golpes tudo o que encontrar ao meu redor.

Porém, os homens morrem contra a vontade. Dizemos então a eles: "Quando você ficar bom...", e depois eles morrem. Mas não quero isso. E, se a natureza até agora mentiu, também disse a verdade. Nessa noite, Djemila diz a verdade; e que triste, como sua beleza fala convincentemente! Não quero mentir diante de mim nem diante do mundo; também não quero que me iludam. Quero ver com clareza até o fim e quero contemplar meu fim com toda a inveja e todo o medo que me sacodem. Quanto mais me separo do mundo e me apego ao destino dos homens vivos, em vez de olhar para o céu eterno, tanto maior fica o meu medo de morrer. Morrer com consciência significa: atravessar o abismo que se interpõe entre nós e o mundo e, sem alegria e com consciência, compreender que a beleza deste mundo acabou para sempre, aceitando o fim. E o canto lamentoso das colinas de Djemila arraiga profundamente na minha alma esse triste conhecimento.

– ALBERT CAMUS, *Hochzeit des Lichts*
[O Casamento da Luz]

XIV
A TEMPERANÇA
Temperance – Temperance
Em alemão: *Die Mäßigkeit* (A Temperança)

Arquétipo: A harmonia.

Letra: Nun = N, símbolo = fruto, peixe. Valor numérico = 50.

Número: 14 = 2 × 7. Número dos primeiros socorros. 14 ajudantes cristãos.

14 ajudantes, os Nagal, que acompanhavam o deus babilônico de Kuta aos infernos.

Para que a Lua crescente se torne cheia, são necessários 14 dias. 4 × 14 = 56 = o número dos Arcanos Menores.

Depois do seu nascimento, Buda deu 56 passos, 14 na direção de cada um dos pontos cardeais, 7 para a frente e 7 para trás.

Citação de Jung: "A energia psíquica é algo de que se pode dispor, ao se desejar atender às próprias necessidades. Pode haver tanta energia disponível: mas não poderemos torná-la útil enquanto não conseguirmos provocar uma crise."

Citações:

"A felicidade não é coisa fácil: é muito difícil encontrá-la em nós mesmos e é impossível encontrá-la em outro lugar."

– CHAMFORT

"Quando a crença na eternidade se torna impossível, e só resta o pequeno recurso da fé, os homens buscam sua felicidade nos prazeres da moda. Por mais que procurem se conscientizar disso, ainda assim estão sempre conscientes de que essas alegrias são tão incertas como de pouca duração. Isso determina dois resultados: por um lado, temos medo de perder alguma coisa e, assim, o espírito torna-se cobiçoso, nervoso, passando de um prazer a outro sem encontrar paz ou satisfação. Por outro lado, temos de fazer o esforço inútil de procurar constantemente por uma futura felicidade num amanhã que nunca chega, num mundo que chega ao fim: o homem cuja postura é: "Afinal, há algum sentido nisso?"

– ALLAN W. WATTS

Imagens: Virtude cardeal, a medida correta, harmonia.

Símbolos no Tarô de Marselha: O líquido branco da jarra vermelha (corpo) e da jarra azul (espírito), recipientes da essência pura – a energia.

Nenhuma figura humana = processo do inconsciente.

Uma flor com 5 pétalas no lugar do 3º olho.

Um amuleto do Antigo Egito (Mena) composto de uma jarra estreita (masculina) da qual flui um líquido para uma jarra maior (feminina). Representava a união sexual e tinha a finalidade de assegurar a potência sexual na vida depois da morte.

Símbolos no Tarô de Waite: Um anjo com o símbolo do Sol na testa, provavelmente o arcanjo Miguel, o condutor dos mortos para a vida eterna. O caminho leva à luz, ao Sol, no qual se esconde uma coroa. Sobre o peito, o triângulo divino no quadrado terreno (corpóreo) = o corpo é o templo de Deus; também a ação divina na Terra. Sobre isso, no jogo das pregas da roupa, estão os símbolos hebraicos do nome de Deus, YHVH.

Segundo plano: "Temperança" sempre foi uma tradução infeliz. A palavra temperança provavelmente advém do latim *temperare* = misturar, com algo na medida certa, por exemplo, se alcança a mistura perfeita (alquimia).

Os alquimistas entendiam o amor entre (sobre) a Morte e o Diabo (cartas XIII e XV) como a força vitoriosa transmutada.

Mensagem: Se você for voraz, nunca ficará satisfeito.

Qualidades: Equilíbrio, paciência, confiança. Aceitar-se como se é.

Objetivos: Harmonia interior e exterior. A pedra filosofal.
A vida realizada.
Ficar em paz consigo mesmo.

Sombra: Notário Bolamus (Degenhardt).
O velho notário Bolamus viveu como ele próprio nos conta. Fumou e bebeu um pouco, lambiscou um pouco de tudo, tirou um bocadinho de cada coisa, trabalhou um pouco, gerou um pouco e juntou um pequeno patrimônio e, às vezes ele até acordou assustado em certas manhãs.

O velho notário Bolamus conseguiu viver bem porque sempre esteve um pouco contra e um pouco a favor, e sempre prestou atenção.

"Só Auschwitz", disse ele, "foi um pouco demais." E ele citou seu lema:

"Tudo na medida certa e com objetivo."

Interpretação tradicional:

Positiva: Paciência, juízo, diplomacia, equilíbrio, harmonia, amor.

Negativa: Condições precárias, advertência contra abusos, acessos temperamentais, desequilíbrio.

Síntese: A carta que seria mais apropriadamente denominada "A medida correta" representa a tranquilidade, a paz e a harmonia interior. Portanto, ela se distingue do equilíbrio da Justiça (VIII) que repousa sobre uma compensação de forças – bastante tenso – devido ao fluxo tranquilo que simboliza.

O fluxo de energia harmônico, e que visivelmente flui em duas direções entre ambas as jarras, mostra a bem-sucedida união entre o consciente e o inconsciente, cujo resultado é profunda satisfação interior, um repouso interior; o sentimento de unidade, o contrário de desabamento e destruição interior. Isso, por sua vez, dá origem a um uníssono entre a nossa intuição, nossas forças inconscientes e a realidade que nos cerca.

Experiência cotidiana: Épocas de harmonia, de paz interior e de alegre tranquilidade. Muitas vezes, também um ócio agradável.

Sentir que os relacionamentos são harmônicos ou apaixonar-se.

Cuidar carinhosamente da saúde ou do corpo. As grandes exigências (profissionais) e os deveres também são enfrentados com tranquilidade e satisfação interiores.

XV
O DIABO
The Devil – Le Diable
Em alemão: *Der Teufel* (O Diabo)

Arquétipo: O tentador, o adversário.

Letra: Samech = S, símbolo = serpente, vibração. Valor numérico = 60.

Número: 15 = número da Lua cheia (o 15º dia do mês = dia de Lua cheia). Nínive, a cidade de Ishtar, deusa babilônica da Lua, tinha 15 portas.

Citação de Jung: "As forças instintivas reprimidas do homem civilizado são monstruosamente destrutivas e muito mais perigosas do que os instintos dos primitivos, que extravasavam seus impulsos negativos de certa maneira constante e na medida certa. Em consequência, nenhuma guerra do passado histórico pode se rivalizar em horror com a guerra das nações civilizadas.

Mesmo não estando presentes, do ponto de vista jurídico, para guerrear, ainda assim, graças à nossa humanidade, somos criminosos em potencial. Só nos faltou de fato a oportunidade adequada para sermos arrastados no turbilhão infernal. Ninguém está excluído da sombra escura coletiva da humanidade."

Citações:

"Mata o mal em ti; assim o mal do mundo não pode mais te agredir."

— Krishnamurti

"O truque mais esperto do Diabo é convencer-nos de que ele não existe."

— Baudelaire

Imagens:

O mal, Satã, Lúcifer, o anjo caído, a alma perdida, o pecado, o inferno, o deus egípcio Seth (muitas vezes representado como uma serpente ou um crocodilo). Belzebu (de Baal-Zebul, "Baal, o elevado", deus dos filisteus, modificado para Baal-Sebub, isto é, "Baal das Moscas"). O mal em pessoa, o bruxo, o corcunda, o mago negro, o pecado original.

O morcego é notívago. Evita a luz do dia e, mal amanhece, volta à escuridão das cavernas, onde se pendura de cabeça para baixo a fim de reunir energias para suas travessuras noturnas. Ele é um vampiro, cuja mordida acarreta a peste e cuja saliva contamina o ambiente. Gosta de enrodilhar-se no cabelo dos homens a fim de causar-lhes a loucura.

— Crendice popular

Símbolos no Tarô de Marselha: O elmo dourado de Odin, o símbolo da nova vida, da renovação espiritual e, sobretudo, do fogo divino. Um *puzzle* de peças. 4 figuras visíveis, o polegar, que representa a força de vontade, não é reconhecível. As cadeias que prendem na armadilha o homem caído. Representar o Diabo como uma criatura feminina era normal durante a Idade Média. Muitas vezes, até com a forma de Vênus. Para nós, restou a figura da avó do Diabo, Diana/Ártemis, cujo culto na Idade Média era objeto de caça às bruxas; no tempo primitivo era representado por entranhas de veado. O próprio nome Diana, em muitas línguas românicas antigas, significava "bruxa".

Símbolos no Tarô de Waite: A figura de Baphomet, ao que se presume, era venerada nos ritos templários, com origens bastante contraditórias.

Segundo Waite, a escrita "correta" é invertida = TEM OHP AB = *Templi omnium pacis abbas* = o pai do templo, paz universal. Com isso, o mal se torna a inversão do bem; este, no entanto, em certa medida, ainda o contém. A cabra chifruda de Mendes (deus grego dos demônios). Conforme consta, a concavidade do símbolo de Mercúrio. A mão esticada e erguida significa maldição. Na Grécia, esse gesto significa: "Vá para o diabo!". Na mão, o símbolo de Saturno. Na testa, o pentagrama invertido, em que a ponta superior (Éter) divina está virada para baixo = símbolo da Magia Negra.

A metade do cubo = trono da meia sabedoria.

A cauda das figuras representa a natureza animal. O fogo ardente do cetro acende-se visivelmente no homem. As cadeias estão demasiado frouxas ao redor do pescoço, o que significa que ambos os presos podem libertar-se com facilidade a qualquer momento.

Segundo plano: A sombra coletiva. Partes divididas da psique, que podem se manifestar, de maneira completamente independente, e viver o "mal" (Dr. Jekill e Mr. Hyde).

Analogias: Magia negra, Saturno, possessão, ser montado pelo Diabo. Pã – pânico – pandemônio (reinos dos maus espíritos).

Mensagens: Quanto mais clara a luz, tanto mais escura a sombra. Estamos condenados à liberdade.
É impossível avaliar corretamente a luz sem conhecer as trevas.

Qualidades: Agir contra as próprias convicções. Dependência. As cadeias e os entrelaçamentos da vida material. A carta oposta à carta V, o Hierofante. Em Waite, o lado sombrio da carta VI, os Enamorados.

Objetivos: A força que sempre quer o mal e sempre obtém o bem. Força instintiva da magia negra é ambição de poder. Sensualidade fria, possessão, dependência.

Lado luminoso: Lúcifer/Prometeu – *daimons* = portadores da luz. Romper ligações, sair de enrascadas.

Interpretação tradicional:
Positiva: (quando invertida) Cura. Início da compreensão espiritual. Irradiação magnética. Recusa de valores materiais, reflexão de coisas superiores.
Negativa: Ficar preso às paixões, ascensão de forças malignas, entrelaçamentos do destino, advertência contra a preguiça e contra o exagero passional, egoísmo, más influências, superficialidade, forças (auto)perturbadoras, violência.

Síntese: Ao analisar essa carta, temos de diferenciar muito bem entre a figura que nos é transmitida e seu significado oculto. A imagem do Diabo provém de uma visão de mundo que atualmente ridicularizamos ou, tendo em vista seus efeitos desagradáveis, julgamos na

Inquisição. Mas querer chegar a uma conclusão com isso, por exemplo, dizendo que o mal, que o Diabo não existe, seria pôr o carro na frente dos bois (veja a citação de Baudelaire acima).

Representar o Diabo com chifres é uma das preferências da Igreja medieval, que dessa maneira condenava os deuses das antigas religiões. Chifres pertencem ao culto da deusa da Lua e representam crescentes formas da Lua crescente e minguante. Honras também são feitas à deusa da Lua em sua forma de Diana/Ártemis que, entre outras, também era a deusa da caça. Os chifres simbolizam também o rei dos veados, que nos dias sagrados de festa consumava o casamento sagrado com a suma sacerdotisa, representante da deusa da Lua. Por outro lado, vários mitos como o de Diana em Anodos, que, todos os anos, para a renovação de sua virgindade, mandava sua matilha de cães fustigar o deus dos veados até a morte. A imaginação de que ao homem traído são postos chifres se reporta por certo a esses mitos.

Nas instruções de fé gnóstica, o diabo muitas vezes era venerado como o verdadeiro amigo e deus da humanidade, em oposição ao deus injusto e vingativo dos cristãos que, apesar de todo o seu poder, pediu o sacrifício do seu próprio filho a fim de se reconciliar com a humanidade. Ao contrário, o Diabo era venerado na forma do Lúcifer/Prometeu o qual, por pena dos homens que vegetavam nas trevas e no frio, roubou o fogo divino e o entregou a eles, sofrendo os mais monstruosos castigos pelo seu ato.

Seja qual for a opinião da pessoa diante dessas imagens, ela deve orientar sua maneira de ver sem iludir-se, porque o mal, como nós o chamamos, existe. Durante os séculos, as figuras se modificaram muitas vezes, mas o mesmo não ocorreu com a tendência muito natural que temos de ver o Diabo somente nos outros.

Ele é a nossa sombra – ou então a sombra coletiva da sociedade – e por isso também representa a nossa característica de considerar que, embora necessário e chamado, ele vive fora de nós.

Contudo, precisamos aprender que ele não está somente "lá fora", isto é, nos outros, mas que sua origem está em nós mesmos. Quem quiser conhecer a sua sombra, conte uma vez todas as características e modos de se comportar que não pode suportar nos semelhantes. O resultado será por certo a representação mais apropriada do próprio lado oculto. O que é feio, em geral, é quase sempre o profano que está presente no nosso âmago; por isso é tão difícil aceitá-lo como nosso. Mas, para nos libertarmos dessas amarras, primeiro precisamos nos tornar conscientes delas: só então poderemos nos ver livres delas.

O resultado da soma transversal do número 15 é igual a 6 e, no baralho de Waite, também representa o tema da carta com os Enamorados (VI) aparentado com seu lado sombrio, que é o relacionamento amoroso fundamentado na sexualidade ou na luta pelo poder. A mão erguida do Diabo lembra a do Hierofante (V). A mão erguida do Hierofante nos lembra que existem um mundo visível e outro invisível. A mão erguida do Diabo, pelo contrário, afirma: nada mais há do que a realidade aparente. Portanto, o Diabo simboliza também a visão estritamente materialista da vida.

A carta representa todas as experiências nas quais rejeitamos nossas diretrizes, seja por cobiça ou por medo (por exemplo, de perder a fama ao não fazer o que se espera de nós, embora isso não se harmonize com nossos padrões). Também simboliza a dependência em que nos encontramos ou contra a qual ela nos adverte. Pode tratar-se de dependências materiais, bem como de vício físico, de servidão espiritual ou de enredamento nas paixões.

Como tentador, o Diabo naturalmente é muito sedutor! Portanto, essa carta também indica experiências interessantes e encantadoras, mas adverte contra os perigos que elas contêm.

Experiência cotidiana: Agir contra uma convicção. Um relacionamento que se sufoca na sensualidade. Experiências excitantes e interessantes em que há o perigo de cair em tentação; a paixão do jogo, do amor e do prazer; a embriaguez da força e do poder. Enredar-se nessas paixões e sentir-se preso. Tornar-se dependente de pessoas, de drogas, do dinheiro etc. Mania erótica de colecionar. Ruptura íntima.

XVI
A TORRE

The Tower of Destruction;
The House of God – La Maison Dieu
Em alemão: *Der Turm* (A Torre)

Arquétipo: A destruição.

Letra: (H) Ain = Gh, símbolo = grilhões materiais, tom. Valor numérico = 70.

Número: 16 = 4 × 4 = endurecimento.

Imagens: A Torre de Babel, a torre de marfim, a destruição do Templo de Salomão, a expulsão do Paraíso, a destruição de Sodoma e Gomorra. A prisão da falsa consciência.

Símbolos no Tarô de Marselha: Nos tempos antigos, acreditava-se que torres podiam sobrepujar as dolorosas distâncias que apareceram de maneira violenta entre nossos primitivos ancestrais (o céu e a Terra).

A coroa sobre a torre = o não reconhecimento de nenhuma autoridade acima da própria. Derrubado pela pena = suave, mas eficazmente.

A pena como símbolo da pureza e da verdade. No mundo egípcio dos mortos, as almas eram pesadas com uma pena. A própria torre não é destruída; ela apenas é derrubada.

Símbolos no Tarô de Waite: No todo, uma carta muito forte e ameaçadora.

Contém a queda do espírito humano, a tentativa de fundamentar o mistério de Deus e, possivelmente, o final da redenção divina.

Atingida pelo raio = tocada por Deus.

As 22 gotas indicam os 22 trunfos do tarô.

Segundo plano: A carta também é chamada de Casa de Deus. Na Idade Média, acreditava-se que apenas Satã poderia ser o responsável pelos raios que derrubavam as igrejas. Especulou-se bastante sobre o fato de Deus não estar em posição de proteger as próprias igrejas. Do lado herético, naturalmente, houve pressuposições de que as igrejas tinham sido dedicadas a um falso Deus e que Lúcifer era o verdadeiro Deus, real amigo dos homens.

Analogias: Urano (raio), guerra, lampejo do espírito, terremoto. O Sacro Império Romano também era chamado de a Torre do Orgulho. Dizia-se que, enquanto esse império existisse, não haveria anticristo na Terra. A destruição do império era um precursor do Juízo Final. Caso esse for o tema da carta, as duas figuras representam o Imperador e o Papa.

Mensagens: As torres atraem os raios!

Você se emparedou – construiu sobre areia.

Qualidades: Término da estupidez espiritual, política e anímica. Renascimento.

Objetivos: Destruição da rigidez. Libertação do que está vivo; abertura, conhecimento.

Lado luminoso: A libertação dos endurecimentos.

Interpretação tradicional:
Positiva: Acontecimento iluminador e bem-sucedido; libertação da alma aprisionada nos muros, súbito conhecimento; modificação traumática, separação repentina.
Negativa: Encarceramento espiritual duradouro; catástrofe, choque, descuido, insensatez.

Síntese: A torre é o símbolo do endurecimento e da cristalização da alma humana, que por meio de um impulso violento é abalada e dilacerada a partir do exterior. A experiência de Damasco, a respeito da qual fala a Bíblia, e que transformou Saulo em Paulo, mostra a violência dessa experiência avassaladora de maneira dramática.

A torre, na qual a gente se recolhe, talvez ofereça proteção contra as baixezas da vida e possibilite alguma elevação. No entanto, a separação do mundo exterior, e junto com ela o distanciamento da vitalidade e da multiplicidade da vida, é, segundo sua tendência, muito abrupta e intransponível, de modo que a vida aprisionada na torre começa a se deteriorar (a alma aprisionada em um corpo enrijecido).

Assim, a destruição da torre (da falsa consciência, como Sheldon Kopp a chama) por meio de um acontecimento traumatizante, um acontecimento que no primeiro instante, por certo, é sentido como uma ameaça. Mas, depois que a poeira assenta, reconhece-se bem depressa que os muros originais de proteção nada mais eram que uma prisão cuja destruição possibilita agora uma nova fase de florescente vitalidade.

A carta indica abalos súbitos, inesperados e profundamente marcantes, que primeiro são vividos como uma catástrofe pessoal, mas depois permitem que se reconheça seu aspecto liberador. Isso vale para todos os campos em que nossa necessidade de segurança nos levou a substituir rigidez por vivacidade. Fundamentos básicos dogmáticos também são atingidos, bem como os relacionamentos firmes. A carta também pode indicar perdas financeiras e a destruição de uma visão materialista do mundo.

Experiência cotidiana: Acontecimentos repentinos traumatizantes, tais como separações, acidentes, perdas; a destruição de planos, mas também o conhecimento súbito; a experiência vitalizadora e libertadora procurada com métodos psicoterapêuticos, como a bioenergética, e o *rebirthing*; renúncia a pontos de vista e a suposições rígidos.

História:

O Rei e o Cadáver

Todos os dias um monge mendigo ia até a corte do rei hindu e lhe dava silenciosamente uma fruta de presente. O rei aceitava a oferenda sem lhe prestar muita atenção e a entregava ao guardião do tesouro. Todos os dias, o mendigo ia embora como viera, sem pedir nada para si mesmo.

Durante anos essa enigmática pantomima desenrolou-se da mesma maneira. No entanto, certo dia o rei deu o presente a um dos seus macacos, seguindo um súbito impulso. Quando o animal mordeu a fruta, apareceu uma maravilhosa pedra preciosa. Ao ver isso, o rei perguntou ao guardião do tesouro onde estavam as frutas que lhe haviam sido presenteadas anteriormente. Haviam sido jogadas na sala dos tesouros, cujo solo agora estava coalhado de frutas podres e de pedras preciosas.

O rei alegrou-se, mas ficou curioso. No dia seguinte, dirigiu a palavra ao monge mendigo e este, pela primeira vez, pediu uma recompensa. O rei teria de ser o herói destemido que ele precisava para o seu exorcismo. Corajoso, o rei consentiu num encontro que foi marcado para a primeira noite de Lua nova, no grande cemitério, no lugar em que eram cremados os cadáveres e onde eram enforcados os criminosos.

Na escuridão da noite combinada, disfarçado e armado com uma espada, o rei, inabalável, foi ao seu horrendo encontro. Crânios calcinados e restos de esqueletos estavam espalhados pelo lugar, enquanto demônios cruzavam os ares fazendo um ruído irritante. Quando o rei chegou mais perto, a fim de descobrir o que tinha de fazer, o velho feiticeiro estava riscando um círculo encantado. Ele mandou o rei ir até uma árvore na outra extremidade do cemitério na qual estava pendurado um homem. Ele tinha de soltar o cadáver da árvore e levá-lo até o círculo encantado.

Trêmulo, porém decidido, o rei foi até a forca, a fim de colher o seu estranho fruto. Subiu na árvore e cortou a corda. Quando o morto caiu, o rei ouviu um gemido. Enquanto verificava se ainda havia vida naquela forma enrijecida, da garganta daquele corpo rompeu uma risada fantasmagórica. O rei falou com o espírito, mas no mesmo instante o cadáver voou de volta para o seu galho.

Quando o rei subiu outra vez na árvore para cortar novamente a corda, prestou atenção para não emitir nenhum som. Ele carregou o corpo nas costas e encaminhou-se de volta ao círculo encantado. Mas não andou muito e o espírito lhe disse: "Você arranjou uma grande carga, a que não está acostumado, para carregar nas costas;

portanto, venerável rei, vou contar-lhe uma história para encurtar a passagem do tempo". O rei ficou em silêncio e o fantasma contou:

Era uma vez três jovens brâmanes que tinham um professor cuja filha os três amavam, pois ela era lindíssima. O pai não queria dá-la a nenhum dos três, com medo de que o coração dos outros dois se rompesse de dor. Então a moça morreu subitamente, levada por uma doença. Desesperados, os três queimaram seu corpo; então um deles saiu como um asceta mendicante pelo mundo; o outro pegou a ossada da amada e rumou até as correntes doadoras de vida do Ganges; o terceiro, por sua vez, construiu uma cabana de asceta sobre a última morada da jovem e dormia sobre suas cinzas.

Aquele que viajou pelo mundo testemunhou um milagre. Ele viu quando, a partir das cinzas, alguém fez retornar à vida uma criança, dizendo um encantamento mágico. Ele roubou o livro e voltou rapidamente para onde estavam as cinzas da amada. Ao mesmo tempo, o outro, que havia espargido os ossos da amada com a água sagrada do rio divino, também retornou. Fizeram a mágica sobre as cinzas e os ossos: e ali estava a amada, mais linda do que nunca.

Logo irrompeu um conflito entre os três: um havia protegido suas cinzas, o outro molhara sua ossada com a água da vida e o terceiro pronunciara um encantamento mágico. A quem ela pertencia?

– Sim, a quem pertenceria? – perguntou o fantasma ao rei. – Se você souber e não disser, a sua cabeça explodirá.

O rei achou que sabia a resposta e não teve coragem de não revelá-la. O brâmane que trouxera a moça de novo à vida agira como um pai. O outro, que tomara para si o encargo de levar sua ossada até o rio sagrado, se comportara como um filho. O último, entretanto, não abandonara a amada e até dormira sobre suas cinzas, e só este poderia ser o seu marido.

Assim que ele disse a última palavra, o cadáver gemeu perturbado e voou dos ombros do rei de volta para a árvore. Querendo ou não, o rei teve de voltar a fim de buscar outra vez o cadáver e recomeçar o penoso caminho.

Mas quantas vezes o refez, tantas vezes a triste cena se repetiu. Cada vez o fantasma o atormentava com novo enigma e ameaçava explodir-lhe a cabeça se o rei calasse a resposta. E cada vez, a consciência do rei se ampliava mais; ele descobria novos conhecimentos em si mesmo, de cuja existência antes sequer suspeitava. Mas todos os seus sábios julgamentos sempre o levavam de volta à árvore que servia de forca. Era desesperador. O fantasma contou ao todo 24 histórias. Mas o rei precisou retornar à árvore apenas 23 vezes. Para a vigésima quarta história, não encontrou solução. Nenhum conhecimento humano pode decifrar o âmago da escuridão. No mais profundo silêncio, ele ficou pensando que graças ao comportamento do monge havia encontrado a sabedoria; que um macaco lhe ensinara a ser humilde; e que os ridículos enigmas propostos por um estranho aparentemente ameaçador tinham aumentado o seu conhecimento. Como não sabia a resposta para a última pergunta, chegou afinal ao objetivo e pôde carregar o cadáver até o círculo mágico.

Acaso terá sido mais sábio na sua reflexão interior silenciosa do que com suas sábias respostas?

Por fim, o espírito pareceu ficar satisfeito e deixou o corpo, agora imóvel, nas costas do rei. Mas, antes de desaparecer, ele advertiu o soberano:

— Ouça o que vou lhe dizer para o seu bem e faça o que lhe disser! O asceta mendigo é um perigoso embusteiro; com seus encantamentos, ele quer me obrigar a voltar para o cadáver; então ele me idolatrará e tentará entregá-lo a mim como um sacrifício. Para isso, ele pedirá a você que se prostre na minha frente e assim que você estiver com a cabeça e as mãos rentes ao solo ele cortará a sua cabeça com a espada. Por isso diga-lhe:

"Mostre-me o que gostaria que eu fizesse, ensine-me como é preciso prostrar-se no chão", e, assim que ele se deitar, decepe-lhe a cabeça. Então você dominará sobre os espíritos que ele gostaria de ter. Eles serão seus!

De fato, quando o rei pisou no círculo mágico, tudo transcorreu como o fantasma previra. O mago mandou-o prostrar-se no chão, mas caiu na armadilha preparada pelo rei e perdeu a cabeça. Os espíritos do cemitério irromperam em alegre algazarra; afinal estavam livres da servidão ao malvado mago negro. Em agradecimento, o rei podia manifestar um desejo. Com sábia contenção, ele apenas pediu que naquela noite a história fosse transmitida para todo o mundo, para que pudesse ser contada pelos séculos dos séculos.

E, assim, essa história continua viva no Oriente e no Ocidente, em todas as línguas, passadas, presentes e futuras. Fiz a minha parte na medida em que a contei a vocês. Por sua vez, façam a sua, contando-a a outras pessoas.

– Citado de: Sheldon Kopp, *Kopfunter hängend sehe ich alles anders* [De Cabeça Para Baixo Vejo Tudo Com Outros Olhos]

XVII
A ESTRELA
The Star – L'Étoile
Em alemão: *Der Stern* (A Estrela)

Arquétipo: Esperança.

Letra: Pe = P, símbolo = boca com a língua; fala. Valor numérico = 80.

Número: 17 é chamado, sem nenhuma razão plausível, de "O Número do Domínio". Sua soma transversal 8 pode ser vista na estrela com 8 raios que aparece na carta. O octógono vale como um elo de ligação entre o quadrado terreno e o círculo divino.

Citações:
"Durante milhões de anos, os astros vagaram pelo espaço, esperaram pacientemente para solidificar-se, cristalizando-se na constelação que surgiu no céu no dia do seu nascimento. Nunca houve e nem haverá

outra constelação igual à que modelou o seu horóscopo! Milhões de seres viveram antes de você, formando a corrente dos seus ancestrais. Estes, por meio de sua vida, tornaram possível a sua vinda a este mundo, a sua necessidade de nascer."

– Oskar Adler, *Testament der Astrologie*
[O Legado da Astrologia]

"Ao animal basta que o momento presente seja agradável. Ao homem, porém, isso não basta. Ele está muito mais interessado em colecionar lembranças e expectativas interessantes – sobretudo expectativas. Se tiver certeza de poder fazê-lo, é capaz de suportar um presente extraordinariamente lamentável. Sem essa segurança, no entanto, pode ser muitíssimo infeliz, mesmo em meio ao gozo de prazeres físicos... Portanto, não se pode censurar quem se sintoniza com o futuro que não se realiza no presente, ou com um futuro que, se afinal resolve vir ao nosso encontro, nos encontrará "ausentes" e para o qual só podemos apenas olhar virando-nos para trás em vez de encará-lo no rosto."

– Alan W. Watts, *Die Weisheit des ungesicherten Lebens*
[A Sabedoria da Vida Insegura]

Imagens: Estrela-guia, estrela cadente (realização de um desejo); o "astro", a boa estrela, a hora da estrela.

Símbolos no Tarô de Marselha: 7 estrelas e uma estrela dupla com 8 raios. Ísis, a deusa das estrelas, possuía na Terra 7 sacerdotisas que diziam oráculos, denominadas as 7 sábias da Arábia ou os 7 pilares da sabedoria. Foi adorada como Astarte na Síria, Ishtar na Babilônia, Esther em Elam, Ashtoreth na Palestina e Ostara ou Eostre no norte da Europa.

O passarinho – união entre o céu e a Terra.

Pássaros são considerados emissários celestes; o corvo de Elias, a pomba de Noé, Íbis – o pássaro de Thoth, deus egípcio da sabedoria.

Hugin e Munin, os dois corvos que se sentavam sobre as costas de Odin, simbolizavam sua capacidade de "ter um outro rosto" e poder viajar (como animal) para países distantes. Algo semelhante vale para os corvos de Bran, de Cronos, de Saturno, de Asclépio e os grous de Apolo.

Acreditava-se que as aves migratórias (que voam a grandes alturas) durante a sua ausência ficavam junto ao "Grande Espírito" e, ao voltar, determinavam o destino dos homens de acordo com o tipo do seu voo.

2 árvores do Jardim do Éden = Árvore da Vida + Árvore do Conhecimento. Na língua céltica, árvore significa conhecimento/sabedoria.

Símbolos no Tarô de Waite: A estrela flamejante dos maçons (segundo Waite).

Segundo outras fontes, a estrela só tem 5 pontas. A figura de Binah, do juízo superior (3ª *Sephiroth* da Árvore da Vida na Cabala).

Analogias: A Estrela de Belém; o vale de estrelas; a Constelação do Cão; Sírius; Astrologia. A estrela de Ísis, símbolo da enchente anual do Nilo. Ísis era a fonte da água da vida para todas as almas em seu caminho rumo às estrelas.

Mensagem: A grande força dos homens está na sua esperança. Confie no seu futuro.

Qualidades: Sabedoria eterna; imortalidade; futuro; plenitude.

Objetivos: Direção; confiança na organização superior.

Sombra: Fogo-fátuo; estrela do azar; viver no futuro e não no presente.

Interpretação tradicional:

Positiva: Carta protetora; grande amor é oferecido/recebido; energia, convalescença, esperança; fé, amor, confiança no destino; profunda obstinação.

Negativa: Dúvida, pessimismo, azar no amor, estreiteza de visão, doenças.

Síntese: Os diferentes símbolos dessa carta indicam uma organização superior à qual estamos sujeitos. Desde a Antiguidade, os homens tentaram interpretar esses símbolos a fim de obter uma visão mais profunda do significado do nosso destino e do nosso futuro. Sabedoria, futuro, confiança e esperança são os temas que surgem nesse âmbito. Há milhares de anos os astrólogos vêm se ocupando com as estrelas. As 7 estrelas ao redor de uma principal simbolizam as 7 pitonisas de Ísis. O pássaro Íbis, que lembra a foice da Lua, com seu bico redondo, é a ave do deus Thoth, a divindade egípcia da sabedoria. Tentava-se ler a mensagem dos deuses no voo dos pássaros.

O próprio Waite chama de Binah a figura representada na carta. Na árvore cabalística da vida, Binah representa o princípio da inteligência superior.

Ao tirar as cartas, o lugar em que esta aparece representa um âmbito em que o consulente tem grandes esperanças e que, em suas ações, tem "um futuro". Ao mesmo tempo, ela estimula a depositar confiança no próprio futuro e, portanto, a confiar na sabedoria da previsão.

Tradicionalmente, essa carta é vista como uma carta de proteção, isto é, o lugar em que ela cai está sob uma boa estrela. O fato de a previsão cuidar de nós de maneira mais do que suficiente é simbolizado pela jarra da qual é derramada a água. Ao cair sobre a terra, a água a torna fértil. A água derramada sobre água mostra o excesso e a plenitude da energia que jorra do céu infinito para nós.

Experiência cotidiana: Épocas de grande esperança, de otimismo na vida e de confiança no futuro. Atividades já iniciadas têm grande significado para o mundo. Encontros, novas amizades e relacionamentos estão sob uma boa estrela. Também as experiências pelas quais se compreende a grandiosa sabedoria das leis cósmicas.

XVIII
A LUA
The Moon – La Lune
Em alemão: *Der Mond* (A Lua)

Arquétipo: A noite, a escuridão.

Letra: Tsade = Z/Ts, símbolo = telhado, asilo. Valor numérico = 90.

Número: Todos os eclipses solares e lunares voltam depois de 18 anos, na mesma sequência. Na Antiguidade, eram associados às desgraças.

O alfabeto druídico (Beth-Luis-Nion), um segredo guardado zelosamente há mais de mil anos na Bretanha e na Gália e o alfabeto órfico continham 18 letras e um significado sagrado na veneração à deusa da Lua. As 13 "consoantes das árvores" representavam as árvores com as quais eram associados os 13 meses do calendário lunar.

As 5 vogais correspondiam às 5 estações solares: 2 equinócios diurnos e 2 noturnos, 2 solstícios e o 1º dia do novo ano. Portanto, esses alfabetos tinham ao mesmo tempo um caráter de calendário. Somente com o avanço do culto racional ao deus do Sol (Apolo) eles desapareceram em favor do nosso abecedário, que provém da Fenícia.

Citação de Jung: "Quem está sempre com medo tem razão para isso. A não poucos pacientes é preciso insuflar o medo porque, devido à atrofia dos instintos, deixaram de senti-lo. O homem que não tem mais medo está à beira do abismo...

Se meu paciente tiver formação religiosa, eu lhe digo: não tente fugir a esse medo que Deus lhe deu, mas procure suportá-lo até as últimas consequências..."

Citações:
"Os sonhos se comportam com a consciência desperta assim como o Sol se comporta com a Lua: eles irradiam uma estranha luz noturna, na qual as coisas parecem estranhas."

– Sheldon Kopp

"Pesadelos são sonhos comuns que não sonhamos até o fim, porque nos assustaram demais."

– Sheldon Kopp

Imagens: Noite, sonhos, saudade, sentimentos (abismos) da alma Medusa, Hidra, Kali (o lado escuro da Lua). O mundo amedrontador dos demônios do tempo das divindades da natureza.

Símbolos no Tarô de Marselha: As torres douradas da Cidade Eterna, a Jerusalém celestial, a água que impede o caminho, as gotas de água que sobem para o ar.

Nos mitos, os cães, como guardiões do inferno (protetores dos mistérios), não devem ser mortos, mas precisam ser enganados com ardis (Hércules/Cérbero). Cães domésticos como os melhores amigos do homem (Ulisses/Argo), símbolo da sabedoria instintiva. O caranguejo como ameaça (Hércules na luta com a Hidra) ou como "substituto da ponte".

A Lua esconde de nós a sua face escura.

Crescente = Ártemis = forças em ascensão
                    = moça
Cheia   = Selene = poder absoluto das forças
                    = mãe
Minguante = Hécate = forças exauridas
                    = bruxa

ou também

A deusa branca do nascimento = semeadora branca e do crescimento
A deusa vermelha do amor = e ceifadora vermelha da luta
A deusa negra da morte = a debulhadora negra e da cartomancia

Símbolos no Tarô de Waite: O caminho entre as torres significa a viagem para o desconhecido. Cão e lobo: "O medo da inteligência simples diante da saída para o desconhecido, à qual somente o reflexo da luz (Lua relativa à inteligência humana) pode levar".

Segundo plano: Na luz pálida da Lua se esvaem os contornos fixos das coisas e elas se transformam. Um arbusto transforma-se em animal, uma árvore vira um monstro. A palavra *alp-traum* (pesadelo) provém da palavra *Albina* (deusa branca) e, segundo os bretões, manteve seu nome *albion*; dessa palavra surgiram as palavras alemãs *Elfe* e *Elbe*.

Analogias: Reflexão, contemplação, passividade, feminilidade, ciclo, marés. Guarda-costas = nenhuma orientação própria.

A Lua como autora de todas as inundações.

Mensagem: Orvalho lunar = lágrimas de Ísis.

A deusa da Lua coleciona todas as lembranças espalhadas e os sonhos esquecidos da humanidade e os guarda numa jarra de prata até o romper da aurora. Então, com a primeira luz do dia, elas são derramadas como lágrimas da Lua e se espalham como orvalho refrescante sobre o solo.

Qualidades: Inconstância, o irracional, o mutável, suavidade, medo, insegurança, maciez, saudade, sonhos.

Objetivo: A viagem às profundezas do mundo das sensações.

Sombra: O caos, a força destruidora, o lunático. A Lua desperta a estranha natureza animal.

Interpretação tradicional:
Positiva: Fantasia vívida, forças anímicas intrigantes, ficar sozinho, ilusões, romantismo, insegurança, saudade, penumbra.
Negativa: Desilusão, quimeras, ilusões, medo, saúde abalada, alucinações.

Síntese: A carta da Lua nos leva às infinitas profundezas do nosso mundo sentimental e, portanto, aos contos de fadas com que povoamos nossa fantasia, às nossas saudades, aos nossos devaneios, mas também a todos os medos difusos, a todos os pesadelos e fobias.

Seu lado iluminado representa uma vida sentimental rica, bonita, mesmo que o sentimentalismo seja vivido como um forte renascimento das imagens do nosso pensamento, dos nossos sonhos e das figuras míticas que trazemos dentro de nós.

Contudo, muitas vezes o lado ameaçador tenta sobressair-se. Na Antiguidade, essa carta era mais temida do que a da Morte (XIII), a do Diabo (XV) ou a da Torre (XVI). Diante da tranquila e suave radiação da carta, esse medo é surpreendente. Ele só é compreensível a partir do segundo plano, pois a Lua é o tema central na conceituação das antigas religiões "pagãs" e, portanto, era banida com todos os atributos do bem e do mal.

Se por enquanto deixarmos esse medo crescente de lado, ainda resta o lado escuro da Lua para inspirar-nos medo. Trata-se dos nossos temores irracionais, quando achamos que nos arbustos do parque monstros se ocultam à noite; embora durante o dia eles sejam conhecidos, à difusa luz da Lua parecem ameaçadores. Trata-se dos pesadelos que nos pregam sustos à noite e que são expressão das nossas tensões anímicas e irreprimíveis, involuntariamente liberadas durante o sono, roubando-nos o descanso noturno.

A Lua que diariamente nos mostra uma face diferente, desde épocas muito antigas simboliza tudo o que é mutável e, portanto, tudo aquilo em que não se pode confiar, tudo o que for temperamental e sedutor. O reflexo da sua luz vale como símbolo da passividade, de se sofrer influências, mas também da falta de vontade e, portanto, de todas as nostalgias.

O caminho que a carta nos mostra é a saída para a incerteza, visto que toda viagem às profundezas do nosso mundo sentimental é uma aventura para a qual não usamos bússola. O caranguejo é associado à Lua provavelmente devido às suas tenazes. Sua orientação incerta e imprevisível ao caminhar pode valer como imagem da ausência de definição para essa viagem; a água parada representa os abismos profundos, aos quais pode levar. Lobo e cão personificam a nossa natureza animal e, portanto, nossas reações instintivas que se furtam ao controle racional. Como nos ensinam os mitos, esses instintos, mesmo que nos ameacem, não devem ser combatidos com armas, não devem ser mortos, mas fraudados. Hércules estrangulou Cérbero, o cão dos infernos; Psiquê o atordoou com um bolo narcotizante; Orfeu o fez adormecer com o som da sua Lira.

O viajante que percorre esse caminho encontrará todas as fadas boas, mas também os monstros a respeito dos quais falam as lendas e as fábulas.

A magia dessa viagem está no fato de ela prosseguir para sempre – até o fim do mundo.

Experiência cotidiana: Época de vivas fantasias, de sonhos intensos, de saudades, de experiências mágicas. Contudo, também de pesadelos, de bloqueios, de fortes temores, de fobias. Viagens ao subconsciente orientadas pelo psicoterapeuta.

História (Para as profundezas do inconsciente)

Os Oitos Elefantes Celestiais: Um mito hindu diz: "Brama, o criador, carregou oito elefantes celestiais para o céu; a eles indicou as quatro extremidades do mundo e os pontos que ficavam entre elas, a fim de que eles se transformassem nos carregadores do firmamento superior".

William James, um psicólogo inglês, perguntou a um sábio hindu, referindo-se ao mito:

– Se entendi bem, o seu povo acredita que o Universo é carregado por grandes elefantes brancos?

– Sim, essa é a verdade – respondeu o sábio.

– Bem, bem – continuou James. – Mas diga-me uma coisa. O que há abaixo dos grandes elefantes brancos?

– Em cada caso, outro grande elefante branco – respondeu o sábio sem hesitação.

– E o que há embaixo desse grande elefante branco?

– Ora, outro elefante branco, grande.

– E embaixo desse grande... – James quis perguntar depressa, mas o Sábio o interrompeu com suavidade.

– Dr. James, dr. James, antes que continue a perguntar, preciso dizer-lhe algo. Há inúmeros elefantes brancos, até bem embaixo!

– Citado em: Sheldon Kopp, *Kopfunter hängend sehe ich alles anders*
[De Cabeça Para Baixo Vejo Tudo com Outros Olhos]

XIX
O SOL
The Sun – Le Soleil
Em alemão: *Die Sonne* (O Sol)

Arquétipo: O dia, a luz.

Letra: Koph = K, símbolo = machado, fundo de agulha. Valor numérico = 100.

Número: 19 = 1 + 9 = 10 = 1, o que indica o parentesco com o Mago (I).
19 é o número do Sol vitorioso: depois de 19 anos, o ciclo metônico, todas as fases da Lua caem outra vez nos mesmos dias da semana do ano solar. O tempo de circulação dos Nodos Lunares (astrológicos) é de 19 anos.

Citações:

"O mistério da vida não é um problema a ser resolvido, mas uma realidade a ser vivida."

– ALAN W. WATTS

"Assim como o dinheiro não é o símbolo dos gêneros alimentícios nem da sua deterioração, tampouco as palavras e os pensamentos representam a vitalidade da vida. O relacionamento entre os pensamentos e o movimento talvez seja a diferença entre o ser vivo que anda e um filme que mostra esse andar por meio de uma sequência de imagens imóveis."

– ALAN W. WATTS

Imagens: Pureza, claridade, calor, energia positiva, poder.

Símbolos no Tarô de Marselha: O Sol como fonte de toda a vida. A ascensão para a luz. A maior das forças que se manifesta ilimitadamente. Símbolo da maior radiação e da imortalidade.

2 crianças como símbolo do si mesmo eterno e do corpo imortal, mas também da vida nova, inocente.

Símbolos no Tarô de Waite: O cavalo branco e a criança, símbolos da simplicidade e da sabedoria imaculada. O jardim sem muros, vida instintiva. O muro como fronteira do espaço vital humano; por trás dele é quente demais.

A carta da vida em oposição à da Morte (XIII); ambas cavalgam o cavalo branco e portam uma pena vermelha.

Analogias: A infância ensolarada, a ressurreição, Rá, Hélio, Osíris, Apolo.

Mensagem: Quanto mais clara a luz, tanto mais forte a sombra. A hora antes do nascer do sol é a mais escura.

Qualidades: Vitalidade, alegria de viver, força de ação, luz, aceitação da vida, inocência infantil, senso estético, reconciliação.
A ressurreição diária depois do ocaso e da noite.

Objetivos: Vida, calor, crescimento, renovação, esclarecimento.

Sombra: Ofuscar, chamuscar, ressecar.
Todos os atributos do Seth egípcio, o destruidor, correspondem ao ofuscante e perigoso sol do deserto.

Interpretação tradicional:
Positiva: Alegria, sucesso (exterior), vitalidade, força, vivacidade, contentamento, compreensão, calor, amor, crescimento, fama.
Negativa: Egocentrismo, exibicionismo, egoísmo, violência, alegria fingida.

Síntese: Desde tempos imemoriais a humanidade reconhece no Sol o princípio poderoso que, depois da luta com as forças noturnas das trevas, surge a cada manhã com a mesma força e percorre seu trajeto vitorioso pelo céu. Ele é a constante, ilimitada e incondicional força doadora, cuja luz e cujo calor permitem que a Terra tenha vida.

Por isso representa a nossa força de vontade, a nossa vitalidade, o nosso ânimo de viver, a nossa plenitude. Num âmbito proeminente, ele significa contentamento e animalidade extraordinariamente desinibida (ofuscamento). Sua qualidade profunda, no entanto, é o ilimitado fluxo de energia vital, força rejuvenescedora em nós.

Fugindo às representações antigas, Waite deixou claro que o tema dessa carta é o oposto ao da Morte (XIII). Trata-se da criança, síntese da vida nova e inocente, que aqui cavalga o mesmo cavalo com o pano vermelho da energia vital em que antes o cavaleiro negro montou com a bandeira da morte.

O intercâmbio entre essas duas cartas é o eterno morrer e vir a ser. Com a simplicidade da criança em enfrentar a vida, por certo é o início do nosso caminho de desenvolvimento, bem como a expressão da maior maturidade interior que está no seu final, ou, como diz a Bíblia:

"Se não vos tornardes como as criancinhas, de modo algum entrareis no reino dos Céus".

– Mateus, 18:2

Experiência cotidiana: Aproveitar o lado ensolarado da vida. Fase otimista, ativa, decidida. Alegrar-se com a vida, gozá-la, sentir-se jovem, viver. Sentir calor humano e ser liberal.

Excerto literário:
Aqui compreendo a maior glória da Terra: o direito ao amor incomensurável. Só existe esse único amor infinito no mundo. Quem abraça um corpo de mulher também aperta ao coração aquela indizível alegria que flui do céu sobre o mar.

Se eu me arremessasse agora sobre a vegetação praiana, seu aroma impregnaria o meu corpo e eu me tornaria consciente e reconheceria sem preconceitos uma verdade: a verdade do Sol que também será a verdade da minha morte. Acaso não estou brincando e esbanjando aqui a minha vida – uma vida que tem sabor de pedregulhos quentes e que se atordoa com o bramido do mar e o ruído dos grilos que começam a cantar? A brisa é fresca, o céu, azul. Amo essa vida de todo o meu coração e vou falar francamente sobre ela: agradeço-lhe o orgulho de ser um homem. No entanto, muitas vezes me perguntaram por que sinto esse orgulho. Do que me orgulho, afinal? Deste sol e deste mar, do meu corpo salgado e dessa incomensurável riqueza de brilho e de felicidade, dessa imensa riqueza de amarelo e de azul! Preciso juntar todas as minhas forças para fazer frente a essa plenitude. Tudo aqui me faz ser o que sou. Não pretendo ser nada e não preciso de máscaras; basta-me aprender pacientemente a mais difícil das ciências: a ciência de viver, tão mais importante do que a arte de viver dos outros.

– ALBERT CAMUS, *Hochzeit des Lichts*
[O Casamento da Luz]

Bem, pensou ele, visto que todas as coisas passageiras fugiram de mim, estou outra vez sob a luz do sol, tal como certa vez, quando era criança: nada é meu, nada posso fazer, não tenho nada e nada aprendi. Como isso é admirável. Agora que meus cabelos estão ficando grisalhos e que as forças me abandonam gradativamente, começo tudo outra vez, como uma criança!

Sorriu outra vez... Sua vida ia se aproximando do fim, e eis que estava outra vez diante do mundo, vazio, nu e tolo. Mas não sofria com isso, sentia até mesmo um grande desejo de rir, de rir de si mesmo e de todo esse mundo louco.

– HERMANN HESSE, *Siddhartha*.

XX
O JULGAMENTO
Judgement – Le Jugement
Em alemão: *Das Gericht* (O Julgamento);
Das Jüngste Gericht (O Juízo Final)

Arquétipo: A redenção, a recuperação do tesouro.

Letra: Resch = R, símbolo = corpo humano, vibração. Valor numérico = 200.

Número: 20 = número gêmeo do 10 (o número do universo visível). Ele une o material ao espiritual.

Citação de Jung: "A redenção total dos sofrimentos deste mundo, bem que podemos conferi-la à ilusão. Afinal, a vida simbólica-exemplar e humana de Cristo também não terminou em plena tranquilidade, mas na cruz. [...] O objetivo só tem valor como uma ideia essencial, porém é a *opus* que leva ao objetivo. Ela preenche a duração da vida com um sentido."

Imagens: Ressurreição; a Fênix renascida das cinzas.

Símbolos no Tarô de Marselha: O Arcanjo Gabriel, o Anjo da Ressurreição, o Anjo do Apocalipse. 3 figuras e um túmulo quadrado aberto. Indicação do 7 – da santidade do acontecimento = a salvação da dependência física.
20 raios (10 dourados + 10 vermelhos) cercam o anjo.
A cruz na bandeira é interpretada como a via-sacra, em que se encontram dois impulsos importantes.

Símbolos no Tarô de Waite: Da trombeta partem 7 tons (os 7 riscos).

Analogias: O término da grande obra da transformação (Alquimia).

Mensagem: Também a morte não é definitiva.

Qualidades: Renovação, domínio do passado, despertar.

Objetivos: Salvação (libertar-se do destino), nova vida.

Sombra: Ficar preso na realidade material.

Interpretação tradicional:
Positiva: Descoberta/renascimento, capacidades ocultas. Modificações, libertação, plenitude, cura, despertar, reviver.
Negativa: Medo da morte, da prisão, da condenação.

Síntese: O nome dessa carta costuma causar confusões. Um dos aspectos parciais é a possibilidade de descobrir as consequências dos comportamentos anteriores, assim como acontece na carta da Justiça (VIII); o ponto de gravidade da interpretação se deve à apresentação; ressurreição, reavivamento e salvação são os temas centrais. Nos mitos e nos contos de fadas, esse afinal é sempre o ponto alto: alcançar a meta pela qual o herói tanto lutou e em virtude da qual passou em tantas provas. É a recuperação do tesouro, a liberdade para o preso, o beijo que faz voltar à vida.

Os túmulos quadrados mostram o aprisionamento na realidade terrena: as 3 figuras que dele saem representam a libertação do espírito. Portanto, essa carta também contém o aspecto da redenção, bem como o da reanimação ou da ressurreição da pessoa que se acreditava morta. Gabriel, o arcanjo da revelação, mostra a importância ou a santidade dessa experiência. A cruz na sua bandeira é interpretada como a via-sacra, símbolo do reencontro de duas direções/impulsos.

O aspecto da salvação indica experiências tremendamente profundas: elas vão desde a esperança que, súbito, nasce do mais completo desespero até a evolução libertadora do Si-mesmo (Self) até então desconhecido ou perturbado.

Experiências cotidianas: Reviver coisas que acreditávamos mortas ou esquecidas: um relacionamento que julgávamos terminado, velhas amizades, mas também capacidades que presumíamos não ter mais. No ambiente profissional ou nas horas de lazer, tornar a introduzir velhas habilidades. Sermos salvos de uma fase escura, da desesperança, da espera. Fase de renascimento, de florescimento.

XXI
O MUNDO
The World – Le Monde
Em alemão: *Die Welt* (O Mundo)

Arquétipo: O reencontro do Paraíso.

Letra: Schin/Zin = Z/S/SCH, símbolo = dardo, dentes. Valor numérico = 300.

Número: 21 = 3 × 7. Soma transversal = 3.
Maioridade com 21 anos.
21 = a soma das possíveis combinações do arremesso com três dados. Depois de 21 anos vagando, Ulisses voltou à pátria. O budismo tântrico reconhece 21 encarnações da Mãe Tara (a Grande Mãe).

Citação de Jung: "Experimentar o Si-mesmo significa estar consciente da própria identidade durante todo o tempo. Então, sabe-se que nunca seremos outra coisa a não ser nós mesmos, que nunca poderemos nos perder e que nunca nos distanciaremos do que somos. Isso é assim porque reconhecemos que nada pode destruir o Si-mesmo, que ele é e sempre será o mesmo, que não pode ser dissolvido, ou substituído por outra coisa qualquer. O Si-mesmo nos dá a capacidade de poder ser autênticos, sejam quais forem as circunstâncias da nossa vida."

Citações:
"De algum modo temos de tentar alcançar o que pudermos enquanto pudermos, abafando o conhecimento de que nada vale coisa alguma e de que tudo é destituído de sentido. A essa perplexidade damos o nome de nosso elevado padrão de vida, um estímulo violento e múltiplo dos nossos sentidos que, progressivamente, tornam-se cada vez mais insensíveis, de tal forma que precisam de um estímulo cada vez mais forte [...]

Para mantermos esse "padrão", a maioria de nós está disposta a viver uma vida que consiste predominantemente em obter meios suficientes para se dedicar a prazeres caros e frenéticos durante o trabalho fastidioso, a fim de conseguir amortizar o tédio. As pausas do trabalho são consideradas a verdadeira vida; para elas nos desgastamos. Ou então imaginamos que o trabalho se justifica para a formação de uma família, a qual por sua vez continua na mesma trilha a fim de estabelecer outras tantas famílias... e isso *ad infinitum*.

– ALAN W. WATTS

Imagens: A conclusão. A recriação do mundo.

Símbolos nos Tarôs de Marselha e de Waite: Figura andrógina = reunião dos opostos masculino-feminino. A elipse – em contraposição ao círculo – encerra 2 focos, símbolo da vulva, do nascimento, da evolução.

O todo da criação: terra, planta, animal, pássaro, homem e anjo. A figura é o inverso da posição do Enforcado. *Anima Mundi* – A alma do mundo.

Analogias: A obra alquímica da libertação da *anima mundi* da *prima materia*. O homem adulto. Shiva que dança – Nataraja.

Mensagem:

O que é a vida

A vida é uma oportunidade	use-a
A vida é beleza	admire-a
A vida é prazer	goze-o
A vida é um sonho	concretize-o
A vida é um desafio	aceite-o
A vida é um dever	cumpra-o
A vida é uma viagem	finalize-a
A vida é um jogo	jogue-o
A vida é cara	valorize-a
A vida é riqueza	proteja-a
A vida é amor	prove-o
A vida é um mistério	desvende-o
A vida é uma promessa	cobre-a
A vida é sofrimento	domine-o
A vida é uma canção	cante-a
A vida é luta	enfrente-a
A vida é uma tragédia	contenha-se
A vida é uma aventura	ouse
A vida é viver	viva
A vida é felicidade	crie-a

Por favor, não a desperdice,
ela é valiosa.

*(Bilhete escrito à máquina (original em inglês) exposto
na parede do escritório de um orfanato das
"Missionárias da Caridade" em Calcutá).*

Qualidades: Encontrar o próprio lugar no mundo. Centralizar-se. Alegrar-se com a vida.

Objetivos: Dominar a vida (do dia a dia). A vida plena, completa autoevolução.

Sombra: Leviandade, atividade frenética.

Interpretação tradicional:
Positiva: Alegria. Reconhecimento. Riqueza. Força decisiva. Harmonia entre espírito e corpo. Inteligência prática. Mudança.
Negativa: Estar preso à matéria. Imobilidade. Estagnação.

Síntese: Com essa carta chegamos ao fim da jornada pelos Arcanos Maiores. Como o Louco, com seu número 0, não tem um lugar determinado, trata-se no total de 21 etapas arquetípicas, que lembram a viagem às cegas de Ulisses durante 21 anos. Nos mitos e nos contos de fadas essa última carta representa o final feliz: o reencontro do Paraíso. A unidade, perdida desde o início da jornada, e que representa o nosso mais profundo anseio, mostra-se outra vez sem que se apague a fecunda tensão de polaridade que nos impulsiona ininterruptamente para a frente.

A figura andrógina (bissexuada) não nega a oposição dos sexos, mas une-os em um, tal como a elipse que a envolve é o círculo "impossível" que envolve os dois focos.

A vida não deve ser vivida como um fardo, devido ao seu absurdo, à sua desarmonia, ou como quer que o chamemos, mas precisamos congregar e aceitar em nós mesmos todas as oposições e diferenças como uma tensão fecunda: eis o tema dessa carta.

A dança da figura que, pela sua postura, lembra a do Enforcado (XII), aqui está em lugar apropriado. Depois do longo processo de amadurecimento por meio das 21 estações, ela encontrou seu lugar no mundo e consegue aceitar e aproveitar a vida. A diferença que existe entre o final feliz dos contos de fadas e esse estado é o fato de que, seja como for, ele não dura para sempre. Novo ciclo logo se reinicia com o número 1. Mas, mesmo que as experiências da nova jornada se assemelhem com a das últimas 21 estações, não se trata da mesma jornada. Não é o círculo eterno em que somos aprisionados, mas uma espiral que permite que nos elevemos cada vez mais.

Experiência cotidiana: Extroverter-se; aproveitar e aceitar a vida. Mesmo no dia a dia senti-la intensamente e vivê-la, dançando, alegrando-se, sentindo-se alegre e despreocupado. Centralizar-se. Atender a todas as exigências com alegre determinação. Viajar.

Poem *If*

If   *you can keep your head when all about you*
       Are losing theirs and blaming it on you,

If   *you can trust yourself when all men doubt you,*
       But make allowance to their doubting too;

If	you can wait and not be tired by waiting,
	Or being lied about, don't deal in lies,
Or	being hated, don't give way to hating,
	and yet don't look too good, nor talk too wise;
If	you can dream – and not make dreams your master;
	If you can think – and not make thoughts your aim;
If	you can meet with Triumph and Disaster
	And treat those two impostors just the same;
If	you can bear to hear the truth you've spoken
	Twisted by knaves to make a trap for fools,
Or	Watch the things you gave your life to, broken,
	And stoop and build' em up with worn-out tools:
If	you can make one heap of all your winnings
	And risk it on one turn of pitch-and-toss,
And	lose, and star again at your beginnings
	And never breathe a word about your loss;
If	you can force your heart and nerve and sinew
	To serve your turn long after they are gone,
And	so hold on when there is nothing in you
	Except the will which says to them: "Hold on!"

If   you can talk with crowds and keep your virtue,
        Or walk with kings – nor lose the common touch,

If   neither foes nor loving friends can hurt you,
        If all men count with you but none too much;

If   you can fill the unforgiving minute
        With sixty seconds' worth of distance run,

Yours   is the Earth and everything that's in it,
        And – which is more – you'll be a Man, my son!
                                            – Rudyard Kipling

Poema Se

Se és capaz de manter a tua calma quando
Todo o mundo ao redor já a perdeu e te culpa;
De crer em ti quando estão todos duvidando,
E para esses no entanto achar uma desculpa;
Se és capaz de esperar sem te desesperares,
Ou, enganado, não mentir ao mentiroso,
Ou, sendo odiado, sempre ao ódio te esquivares,
E não parecer bom demais, nem pretensioso;
Se és capaz de pensar – sem que a isso só te atires;
De sonhar – sem fazer dos sonhos teus senhores;
Se encontrando a desgraça e o triunfo conseguires
Tratar da mesma forma a esses dois impostores;
Se és capaz de sofrer a dor de ver mudadas

Em armadilhas as verdades que disseste,
E as coisas, por que deste a vida, estraçalhadas,
E refazê-las com o bem pouco que te reste;

Se és capaz de arriscar numa única parada
Tudo quanto ganhaste em toda a tua vida,
E perder e, ao perder, sem nunca dizer nada,
Resignado, tornar ao ponto de partida;
De forçar coração, nervos, músculos, tudo
A dar seja o que for que neles ainda existe,
E a persistir assim quando, exausto, contudo
Resta a vontade em ti que ainda ordena: "Persiste!";

Se és capaz de, entre a plebe, não te corromperes
E, entre reis, não perder a naturalidade,
E de amigos, quer bons, quer maus, te defenderes,
Se a todos podes ser de alguma utilidade,
E se és capaz de dar, segundo por segundo,
Ao mínimo fatal todo o valor e brilho,
Tua é a terra com tudo o que existe no mundo
E o que é mais – tu serás um homem, ó meu filho!

– Tradução de Guilherme de Almeida

O Alfabeto Hebraico e o Resultado do Valor Numérico

As 22 letras do alfabeto hebraico têm um significado como letras e como números. Muitas vezes são associadas às 22 cartas dos Arcanos Maiores do Tarô. Por isso, a cada descrição foram apresentados não apenas o símbolo, mas o seu valor numérico. A cabala dividiu as 22 letras em dois grupos, das quais apenas o primeiro grupo mostra uma analogia clara com o Tarô:

A, M, Sch   são chamadas as "Três Mães" e correspondem aos tetracordes.

1   13   21   As cartas do Tarô que correspondem aos números 1, 13, 21: o Mago, a Morte e o Mundo também representam a criação, o mundo e seu fim, bem como o renascimento, a vida e a morte.

B, G, D, K, P, R, Th   são chamadas "as letras duplas" e constam
2   3   4   11 17 20 22   como símbolos dos 7 planetas, que servem de
                               intermediários entre o firmamento estrelado
                               e a Terra. Lidas uma atrás da outra, significam:
                               cortina diante do *sancta sanctorum*.

H, V, Z, Ch, T, J, L, N, S, O, Sz, Q   são chamadas "as 12 letras sim-
5   6   7   8   9   10 12 14 15 16 18 19   ples", que correspondem aos
                                                  doze signos zodiacais.

Uma vez que as letras servem tanto como números como letras, elas também servem para dar o resultado de valores nominais. Estes surgem à medida que se adiciona o valor numérico das letras do nome e sobrenome das pessoas e se vai fazendo a soma transversal dos números resultantes até obter um número único. Este pode ser interpretado segundo a mística numérica ou, naturalmente, com a ajuda da carta correspondente do Tarô. A única dificuldade consiste em organizar nossas letras segundo o alfabeto hebraico.

A = 1	H = 8	O = 16	TH = 9
B = 2	I = 10	P = 17	T = 22
C = Z ou K	J = 10	Q = 19	U = 6
CH = 8	K = 11	QU = K + W	V = 6
D = 4	L = 12	R = 20	W = 6
E = 5	M = 13	S = 15	X = 15
F = 17	N = 14	SCH = 21	Y = 10
G = 3			Z = 18

O Método Crowley para Ter o Resultado de Cartas Pessoais

Para retirar dos 22 trunfos do Tarô as cartas que têm um significado especial para os indivíduos isoladamente, Aleister Crowley sugeriu três caminhos, com os quais podemos descobrir três cartas individuais para nós. Ele as chama de:

1. A carta da personalidade (Personality Card)
   Ela corresponde à aparência exterior.

2. A carta do caráter (Soul Card)
   Simboliza a temática interior.

3. A carta do crescimento (Growth Card)
   Esclarece o principal tema atual.

1) *A carta da personalidade*
   Faça a soma da sua data de nascimento (dia, mês e ano) e vá fazendo a soma transversal até chegar a um número não maior que 21. Esse número representa a carta da personalidade.

2) *A carta do caráter*

A nova soma transversal dos números da carta da personalidade é a carta do caráter. Caso o número da carta da personalidade tenha um único dígito, as cartas da personalidade e do caráter são idênticas.

Por exemplo:
25/4/1953 = 25 + 4 + 1953 = 1 + 9 + 8 + 2 = 20
Carta da personalidade: XX = O Julgamento
Nova soma transversal de 20 = 2 + 0 = 2
Carta do caráter: II = A Sacerdotisa
ou
15/5/1949 = 15 + 5 + 1949 = 1969 = 1 + 9 + 6 + 9 = 25 = 2 + 5 = 7
Cartas da Personalidade e do Caráter: VII = O Carro

3) *A carta do crescimento*

A carta do crescimento é o resultado da soma transversal dos números relativos ao dia e mês do nascimento e do ano em que estamos.

Por exemplo:
15/5/1984 = 15 + 5 + 1984 = 2004 = 2+ 0 + 0 + 4 = 6
Carta de crescimento para o ano de 1984: VI = Os Enamorados

2

Os Arcanos Menores

Bases de Interpretação das Cartas da Corte

As 56 cartas dos Arcanos Menores se dividem em quatro séries:

– Bastões ou Paus
– Espadas
– Moedas ou Ouros
– Taças ou Copas

Em cada uma das séries, há quatro cartas emblemáticas:
Rei – Rainha – Cavaleiro – Valete

E dez cartas numéricas do Ás (= 1) até 10.

As séries correspondem de certa maneira às quatro classes sociais da Idade Média:

Clero – Taças; Nobres – Espadas; Comerciantes – Moedas; Camponeses – Bastões.

No entanto, podem também ser associadas às quatro insígnias dos celtas: Caldeira – Taças; Espada – Espadas; Salva – Moedas; Lança – Bastões.

As possíveis interpretações dessas cartas são tão ricas e contêm tanta contradição que se torna muito difícil encontrar uma linha mais ou menos direta para as previsões. Em todo caso, introduzi aqui as interpretações que se aproximam dos motivos das cartas do Tarô Waite-Smith. Quando as **interpretações tradicionais**, em especial as cartas do Tarô de Marselha, se diferenciam de uma maneira marcante, menciono-as excepcionalmente.

Instruções para o Uso das Cartas da Corte

A interpretação das cartas de figuras, no geral, é compreensivelmente insatisfatória, visto que algumas vezes parte de definições dignas de nota como "o homem moreno", a "mulher loira", e assim por diante.

Costumo relacionar essas cartas em primeiro lugar a uma apresentação dos quatro elementos, a partir da qual se pode obter uma melhor percepção para as características da personalidade de cada uma das séries. Considero muito úteis as sugestões de Edward C. Whitmont no que se refere aos quatro aspectos essenciais das psiques masculina e feminina. Por isso, as reproduzi em outros tantos exemplos. Nestes estão os quatro caracteres essenciais masculinos e femininos com seu lado luminoso e sombrio que também correspondem aos quatro elementos e, portanto, naturalmente, também às quatro séries do Tarô.

Levando em consideração as correspondências, parto do princípio de que os Reis e as Rainhas representam de fato pessoas vivas, que não induzem necessariamente à hipótese de que se trata de um homem ou uma mulher, mas apenas sugerem o lado masculino ou feminino de uma pessoa. Se representam o próprio consulente ou uma terceira pessoa, isso só pode ser verificado e resolvido em cada jogo.

Os Cavaleiros correspondem ao ambiente geral, à disposição das pessoas quando o fato acontece. Por exemplo:

Cavaleiro de Paus: Emoção envolvente, espírito empreendedor, impaciência, dinamismo.

Cavaleiro de Espadas: Disposição agressiva, vontade de brigar, ambiente frio.

Cavaleiro de Ouros: Disposição perturbadora, disposição defensiva, solidez.

Cavaleiro de Copas: Disposição amigável, bom humor, atmosfera sentimental.

Os Valetes representam oportunidades e ofertas que vêm de fora. Por exemplo:

Valete de Paus: Oportunidade de fazer alguma coisa, novidades, proposta irresistível.
Valete de Espadas: Briga, discussão. Também a oportunidade de esclarecer alguma coisa.
Valete de Ouros: Oportunidade de ganhar dinheiro. Uma oferta significativa.
Valete de Copas: Oportunidade de se apaixonar. Proposta para fazer as pazes.

Aconselho à pessoa que interpreta as cartas que se familiarize com os quatro elementos e com os princípios básicos para compreendê-las a partir desse ponto de vista. Somente para a integralidade também acrescentei, embaixo da interpretação, a interpretação tradicional. Nesse caso, Reis e Cavaleiros são considerados figuras masculinas, enquanto

Rainhas e Valetes são consideradas figuras femininas. Com frequência, o Valete também é interpretado como uma criança ou um adulto inexperiente. Além disso, todas essas cartas também podem ser entendidas como cartas que indicam acontecimentos. Mas, para quem quiser evitar essas confusões, aconselho seguir o que está escrito acima, que é bem claro. As cartas têm os significados que atribuirmos a elas antes de consultá-las. Portanto, nada há em contrário; cada intérprete pode ter sua própria maneira de interpretá-las.

Os Quatro Elementos

	+	−
	masculino	feminino
	yang	yin
	apolíneo	dionísico
	vivaz	calmo
	leve	pesado

Elemento	Fogo	Ar	Terra	Água
Tarô	Bastões/Paus	Espadas	Moedas/Ouros	Taças/Copas
Característica	clarear aquecer	ampliar esfriar	formar manter	fluir refluir
Espírito da natureza	Salamandra	Silfos	Gnomos	Ondinas
Ser humano	voluntarioso	inteligente	realista	sentimental
Âmbito principal	vontade	espírito	corpo	alma
Importâncias	Moral/ Ideal	Ideia/Conceito	Ação/Negócio	Sentimento/ Saudade
Lógica	ética subjetiva	formal objetiva	empírica pragmática	artística intuitiva
Direção do pensamento	Idealização	Abstração	Concretização	Intuição

Objetivo	aspirar	reconhecer	experimentar	sentir
Estilo de trabalho	dinâmico	teórico	prático	emocional
Ideologia	Moralista	Racionalista	Realista	Mística
Orientação espiritual	Teologia	Filosofia	Ciências	Metafísica
Mundo da época	Crença	Pensamento	Ação	Antepassados
Espírito da época	Idealismo	Iluminismo	Materialismo	Romantismo
Terapeuta	Confessor	Psicanalista	Fisioterapeuta	Psicoterapia
Caráter essencial	Colérico	Sanguíneo	Melancólico	Fleumático
Tipos junguianos	Intuição	Pensamento	Sensação	Sentimento
Segundo Riemann	Histérico	Esquizoide	Compulsivo	Depressivo
Comportamento	impulsivo	tempestuoso	persistente	cuidadoso
Motivo	Entusiasmo	Conhecimento	Rotina	Instinto
Manifestação	Pregador	Pensador	Realizador	Sonhador
Distinção	bem/mal	certo/errado	prático/inútil	Agradável/desagradável
Domínio dos problemas	queimar	amaldiçoar	enterrar	lavar
Meio de lutar	Incandescência	Frio	Túmulo terreno	Turbilhão
Parceria	Vivacidade Compromisso	Mudança Regras do jogo	Duração Presença	Profundidade Vibração da alma
Amor	idealizado engajado	intelectual distanciado	sensual possessivo	romântico dedicado
Sombra	Ostentador Fariseu Fanático	Sonhador Pretensioso Gélido	Usurário Cúmplice Corrupto	Fantasiador Mentiroso Traidor
No carro	Imagem	*Design*	Função	Ambiente
No livro	Sentido/Mensagem	Estilo	Conteúdo	Disposição
No castelo	Pomposo	Castelo de ar	Castelo de prazer	Castelo de sonhos

No sentido do ritmo tríplice, cada um desses 4 elementos tem 3 qualidades distintivas que correspondem cada uma a 3 signos zodiacais relativos a um grupo de elementos dentro do Zodíaco. São as seguintes:

1. a força libertadora (cardinal),
2. a força tranquilizadora (fixo),
3. a força de transformação (mutável).

Libertadora:	Fogo primordial	Furacão	Terremoto	Dilúvio
Tranquilizadora:	Fogueira de acampamento	Brisa	Fundamento	Mar
Transformadora:	Luz	Respiração	Pedra	Água de beber

Aspectos Essenciais da Psique Masculina e Feminina com seus Lados Luminosos e Sombrios

Princípios Básicos Masculinos:

Ouros = Terra = Água (por exemplo, Zeus, Odin, Deus Pai, Moisés, Abraão).

| Lado luminoso: | O Bom Pai. Provedor, bondoso, exemplar, forte, protetor. | Lado sombrio: | O Padrasto. Severo, inalcançável, tirânico, impede o desenvolvimento. |

Espadas = Ar = Adolescente (por exemplo, Átis, Adônis, Narciso).

| Lado luminoso: | O Intelectual. Espírito crítico: Tático, móvel, vivo, bom passatempo, perspicaz. | Lado sombrio: | O Pretensioso. O eterno adolescente. Frio, cruel, sem consideração, cínico. |

Paus = Fogo = Herói (por exemplo, Aquiles, Siegfried, Hércules, Sansão).

| Lado luminoso: | O Guerreiro como Protetor, o Homem de Negócios, o Político. Dinâmico, autoconfiante, corajoso, tenaz, perseverante, voluntarioso. | Lado sombrio: | O Mercenário, o eterno Caçador. Sedento de poder, materialista, brutal, insensível, destrutivo. O Estrategista de Escrivaninha. |

Copas = Água = Místico (por exemplo, Meister Eckhart, Rasputin, Nostradamus).

Lado luminoso:	O Sábio Mediúnico, o Profeta. O caloroso ajudante na vida, o Mago, um sentimental.	Lado sombrio:	O Capacho humano, o Caótico. O Mago Negro. Fanático, demagogo.

Princípios Básicos Femininos:

Ouros = Terra = Mãe (por exemplo, Mãe Terra, Mãe Coragem, Deméter).

Lado luminoso:	A boa Mãe, nutridora, protetora, cuidadosa, fecunda, que perdoa e oferece proteção.	Lado sombrio:	A Madrasta, devoradora, destruidora, possessiva, má, falsa, ambiciosa.

Espadas = Ar = Hierodule/Noiva do vento (por exemplo, Lorelei, as Sereias, a Estrela de cinema).

Lado luminoso:	A Sacerdotisa (prostituta do templo), a Mulher independente, a Musa, a Esteticista, a Intelectual fria, encantadora, distante.	Lado sombrio:	A Prostituta das ruas, a Mulher calculista, fria, impiedosa, cínica, histérica.

Paus = Fogo = Amazonas (por exemplo, Ártemis, Joana d'Arc, Pirata Jenny).

Lado luminoso:	A Companheira das lutas, independente, corajosa ao assumir riscos, dinâmica, prestimosa, divertida, bem-disposta.	Lado sombrio:	A Mulher-bruta, dogmática, dominadora, que gosta de rebaixar e influenciar demais, sádica.

Copas = Água = Médium (por exemplo, Sibila, Hécate, Circe, Cassandra, a Fada boa).

Lado luminoso:	A Mulher intuitiva, que realiza curas, espontânea, dedicada, que se sacrifica, desapegada, inspiradora, imaginativa.	Lado sombrio:	A mulher angelical, vaidosa, amorosa, boba, seduzível. A mulher Bruxa, a Fúria, a fanática, a destrutiva (possuída pela sede de poder).

De acordo com a psicologia junguiana, trazemos essas imagens dentro de nós e as avaliamos segundo nossos próprios padrões. Preferimos um ou dois arquétipos; recusamos alguns deles com maior ou menor intensidade e, justamente, no papel da autocompreensão do próprio sexo, bem como uma imagem a ser procurada no sexo oposto. Jung dividiu esse grupo de quatro em:

1. A função principal – o modo como preferimos nos apresentar.
2. A primeira função auxiliar – como nos apresentamos quando não é possível continuar com a primeira função.

3. A segunda função auxiliar – como nos apresentamos quando "1" e "2" falham.
4. A função inferior – o modo de apresentação que preferimos ignorar, pretendendo não ser o nosso.

A função principal e a primeira função auxiliar muitas vezes se encontram tão próximas que mal podemos distingui-las e saber qual ocupa o primeiro lugar. Ao contrário, comprovar a função inferior não apresenta nenhuma dificuldade, pois ela representa o comportamento que não podemos suportar nem em nós nem nos outros. Aqui, nossa função principal é o oposto desta:

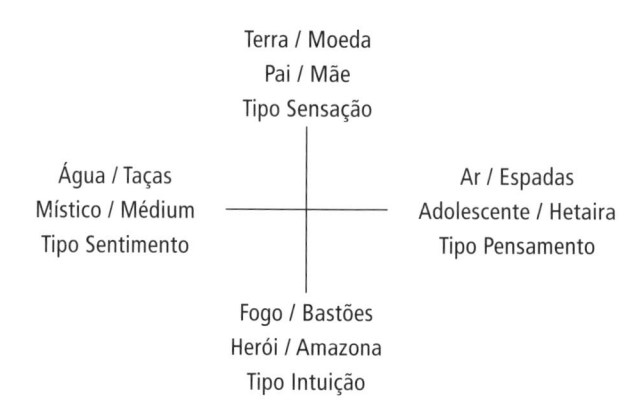

```
                    Terra / Moeda
                    Pai / Mãe
                    Tipo Sensação
                         |
    Água / Taças         |         Ar / Espadas
    Místico / Médium ————+———— Adolescente / Hetaira
    Tipo Sentimento      |         Tipo Pensamento
                         |
                    Fogo / Bastões
                    Herói / Amazona
                    Tipo Intuição
```

Por meio da apresentação dos elementos dos planetas masculinos Sol e Marte, bem como dos planetas Lua e Vênus, a astrologia procura descobrir as características das pessoas. Por exemplo:

Horóscopo masculino:
Sol – Áries (Fogo), Marte – Touro (Terra)
Autocompreensão: Herói (Fogo), Pai (Terra)

Lua – Balança (Ar), Vênus – Peixes (Água)
Imagem feminina procurada: Hetaira (Ar), Médium (Água)

Horóscopo feminino:
Lua – Virgem (Terra), Vênus – Áries (Fogo)
Autocompreensão: Mãe (Terra), Amazona (Fogo)

Sol – Touro (Terra), Marte – Aquário (Ar)
Imagem masculina procurada: Pai (Terra), Adolescente (Ar)

O Antitipo – a função inferior – com frequência é revelada por meio do estudo dos elementos de Saturno.

A Interpretação das Cartas por Números

Para interpretar as cartas com números antes de qualquer coisa temos de considerar a temática de cada série, por naipe, tendo em vista os elementos isolados.

Outra ajuda importante é o significado relativo ao número:

1 = O Impulso, a oportunidade de que o consulente dispõe e que deve ser usada.

2 = A Polaridade, que acaba com as dúvidas, que é vivida como tensão (espadas), fertilidade (bastões), movimento (moedas) ou que leva a encontros (taças).

3 = O primeiro número harmônico = âmbito estável (exceto espadas).

4 = O número estável que já contém uma tentativa de rigidez.

5 = O estado (de medo) depois que se abandonou o âmbito estável dos 4.

6 = Na tradição, geralmente um número que indica crise. Waite considera-o uma temática auxiliar.

7 = Tradicionalmente, o número harmônico. Para Waite, trata-se de um tema crítico, sujeito a discussões.

8 = Depressão e insegurança.

9/10 = O melhor que a série de elementos pode oferecer. Positivo para moedas e taças. Excessivo para espadas e bastões.

Caso a interpretação das cartas do Tarô Waite-Smith seja muito diferente do conceito tradicional, sua orientação é indicada na descrição isolada de maneira especial.

As Sequências de Cada Elemento

Se observarmos as séries isoladas, do 1 (Ás) até o 10 e vice-versa, reconheceremos nas duas direções uma sequência relativa a um caminho de desenvolvimento.

Paus Ás – 10

O caminho da vontade, do crescimento e da fama.

    Ás – A coragem e a alegria de empreender,
    II – pedem um compromisso e uma posição definida.
    III – Isso tudo junto proporciona um ponto de partida estável,
    IV – que leva à meta desejada.
    V – A ambição impulsiona para uma nova competição,
    VI – que traz consigo nova fama,
    VII – mas também inveja e ataques dos outros.
    VIII – O desenvolvimento contém uma forte dinâmica própria,
    IX – e o que se obtém precisa ser defendido com decisão,
    X – com o que o sucesso/a fama se tornam um fardo.

Paus 10 – Ás

O caminho do jugo do dever para o livre autodesenvolvimento.

X – O dever opressivo
IX – e a rígida postura de resistência
VIII – são abalados por acontecimentos perturbadores
VII – e por outras pessoas.
VI – Mas a vitória é certa.
V – Depois de mais algumas provas de força,
IV – atinge-se o objetivo.
III – Em solo seguro surgem novos planos
II – que pedem clareza
Ás – e possibilitam o livre desenvolvimento pessoal.

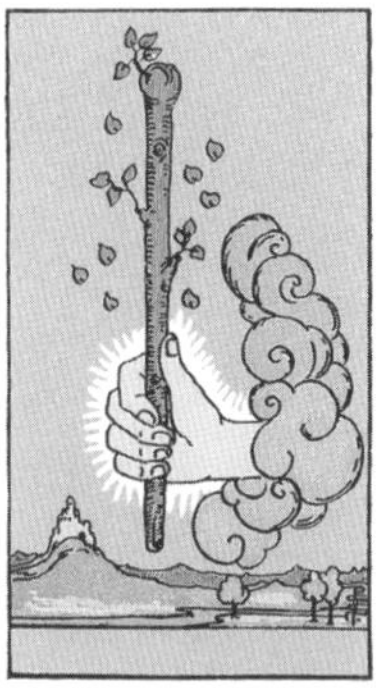

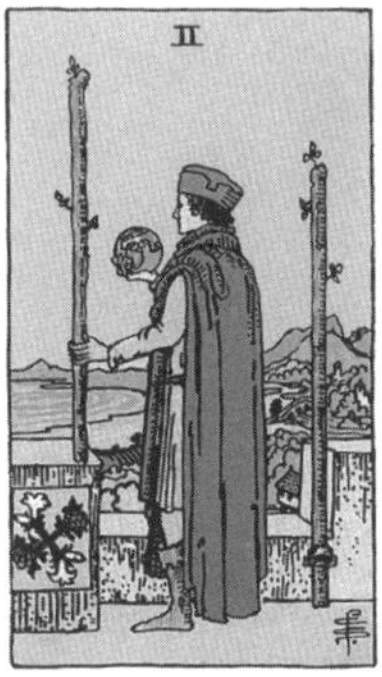
II

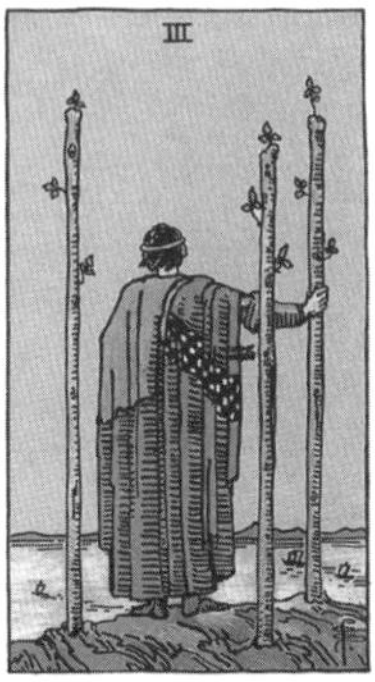
III

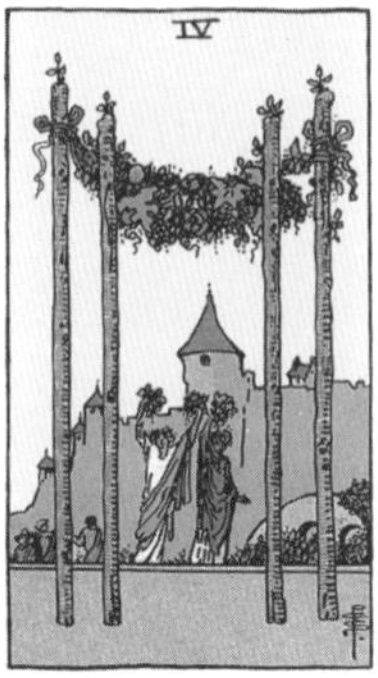
IV

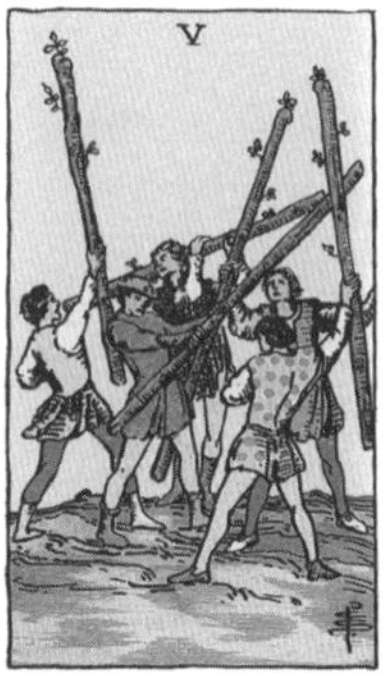
V

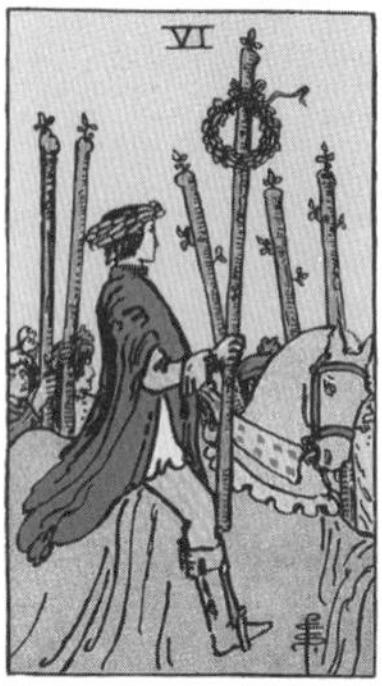
VI

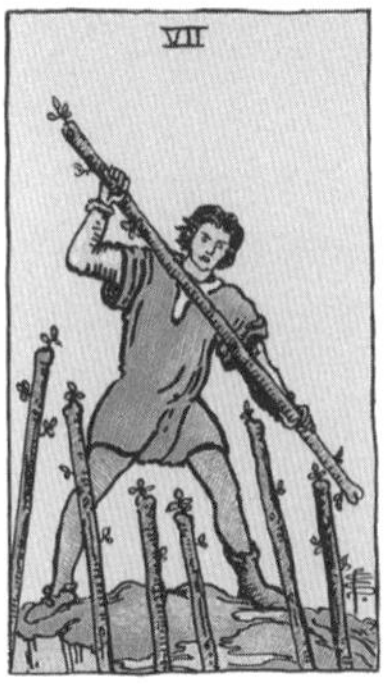
VII

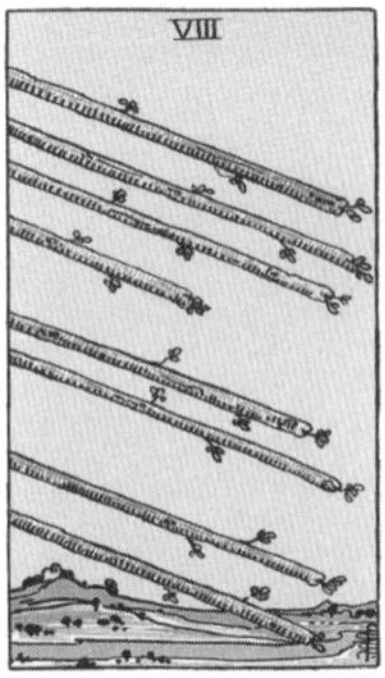
VIII

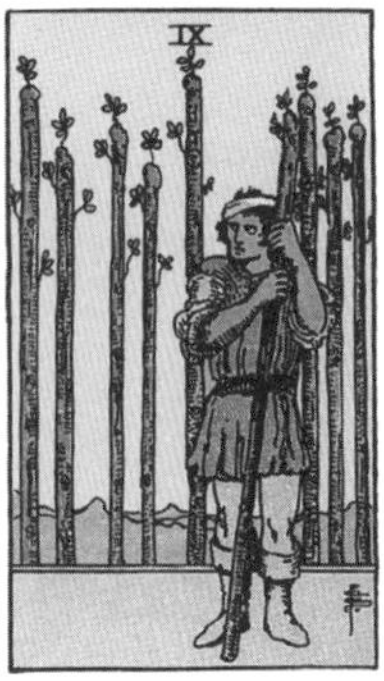
IX

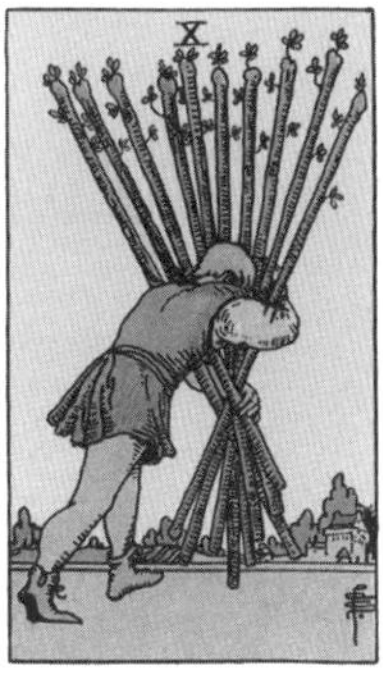
X

Espadas Ás – 10

O frio caminho da inteligência.

Ás – A agudeza do intelecto
II – impede o acesso à vida sentimental (Mar),
III – o que faz com que se tome uma decisão contra o coração.
IV – Em gélida (obrigatória) calma juntam-se as forças
V – para a matança final.
VI – A partida que se segue leva a novas margens, mas
VII – também aí apenas se usa a inteligência no intuito de fraudar os outros.
VIII – O lado feminino (repleto de sentimento) fica preso entre as espadas e não tem chance de viver,
IX – mas, à noite, sobe à superfície por meio dos sonhos.
X – Com força concentrada, o raciocínio calculista mata definitivamente o resto da vivacidade.

Espadas 10 – Ás

O caminho do frio intelecto até a inteligência mais elevada.

X – Quem é dominado pela frieza mortal da inteligência
IX – descobre, com espanto,
VIII – que não deixa que se manifestem lados essenciais do seu caráter.
VII – Mas com inteligência ardilosa consegue esquivar-se
VI – e abandona o local da experiência perturbadora.
V – Depois de lutar com ardor nas batalhas,
IV – é obrigado a voltar à paz
III – e sente outra vez a dor do coração controlado pela razão.
II – O mar das experiências profundas oculta por trás das barreiras do intelecto
Ás – o segredo da inteligência mais elevada.

211

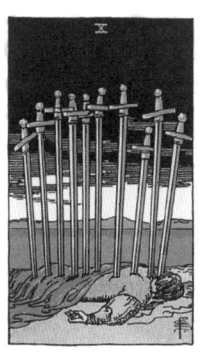

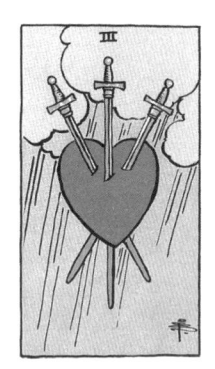

Ouros Ás – 10

O caminho do dinheiro e do trabalho.

Ás – A atração da riqueza é
II – aceita primeiro indecisa e ludicamente,
III – mas acaba levando ao trabalho consequente.
IV – O que se obtém é exibido com orgulho e resguardado;
V – contudo, precisa ser entregue.
VI – Ajuda exterior possibilita um novo começo,
VII – que, com paciência
VIII – e novos aprendizados,
IX – leva às coisas agradáveis, a um bom fim
X – e à segurança familiar.

Ouros 10 – Ás

O caminho do reino exterior para o interior.

X – Provindo de circunstâncias seguras,
IX – conhecedor da atração da riqueza,
VIII – o homem começa a forjar a própria felicidade,
VII – que traz frutos
VI – e lhe possibilita uma vida grandiosa.
V – Mas a mudança chega com a noite.
IV – Assustado, retém o que ainda lhe resta.
III – Mas depois de mais algumas provas compreende
II – que lidar com elas brincando, de forma descontraída,
Ás – leva ao significado mais profundo dos valores materiais.

213

Copas Ás – 10

O caminho do amor e dos sentimentos.

Ás – A força do amor
II – leva ao encontro,
III – que primeiro é festejado com alegria
IV – mas logo provoca o tédio.
V – Levianamente, o que se obteve é perturbado,
VI – e na lembrança nasce a saudade dos belos tempos.
VII – A fantasia faz surgir imagens de sonho, que atraem.
VIII – De coração pesado, segue-se a viagem para o desconhecido,
IX – onde uma mesa posta espera o herói,
X – que afinal encontra a sua felicidade.

Copas 10 – Ás

O caminho da felicidade na casa dos pais, para a própria felicidade.

X – Da alegre infância,
IX – com a mesa posta,
VIII – segue-se a partida para o desconhecido.
VII – Cheio de sonhos
VI – e olhando saudoso para trás
V – vê com desgosto o que perdeu
IV – e sente insatisfação com o que encontrou diante de si.
III – Mas segue-se alegria inesperada que leva
II – ao correspondente encontro
Ás – e à profunda felicidade interior.

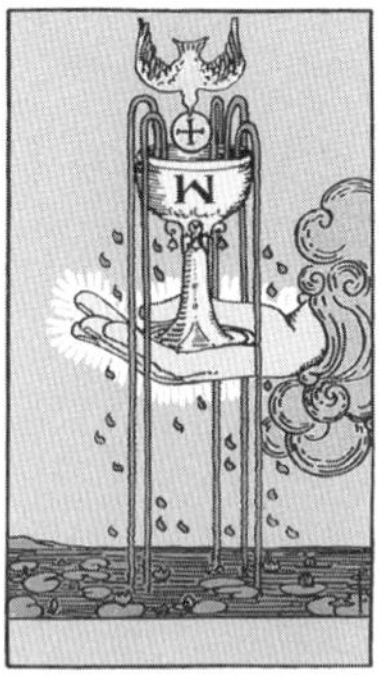

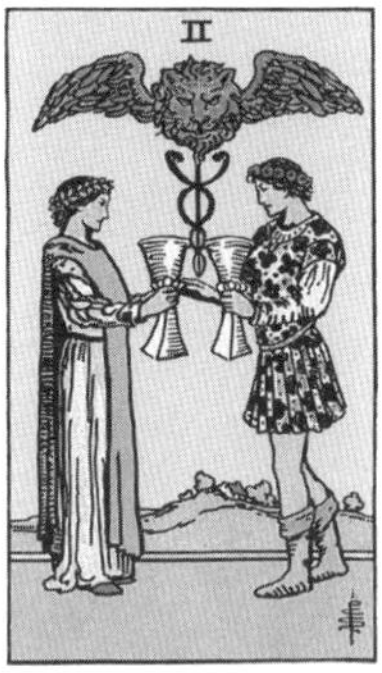
II

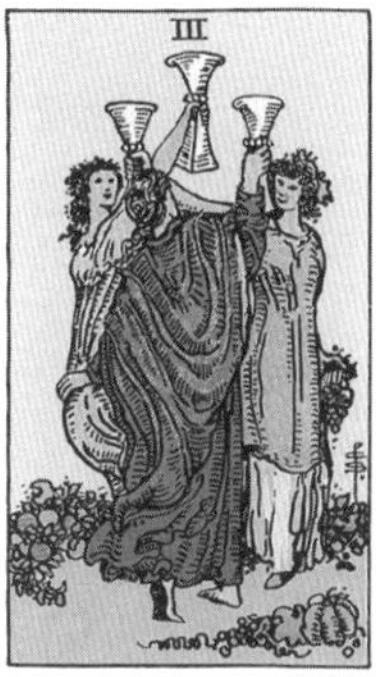
III

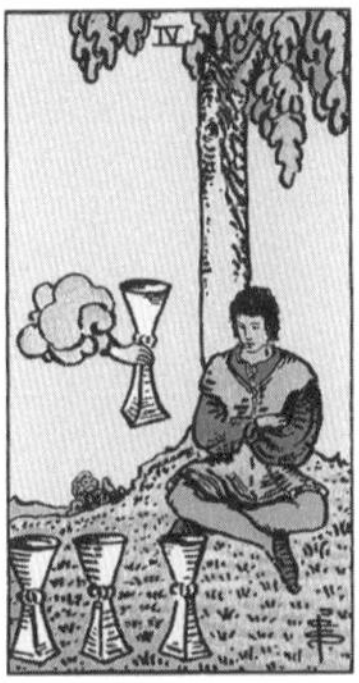
IV

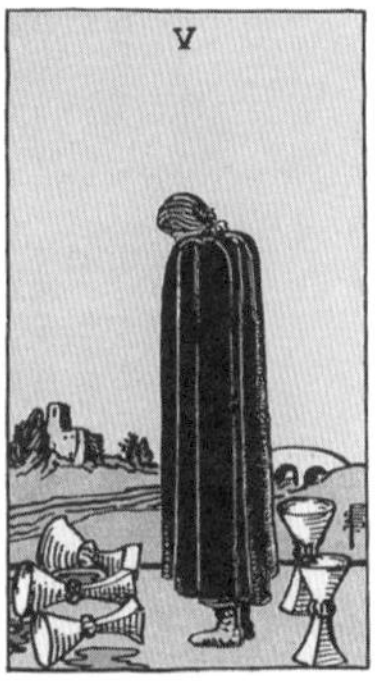
V

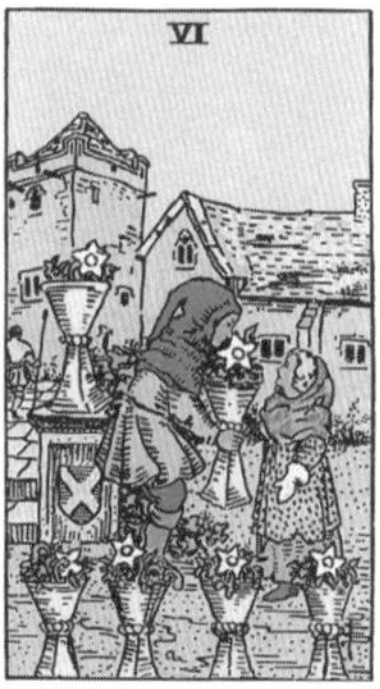
VI

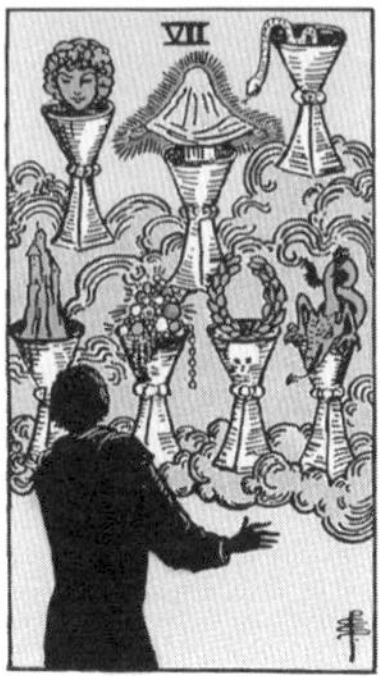
VII

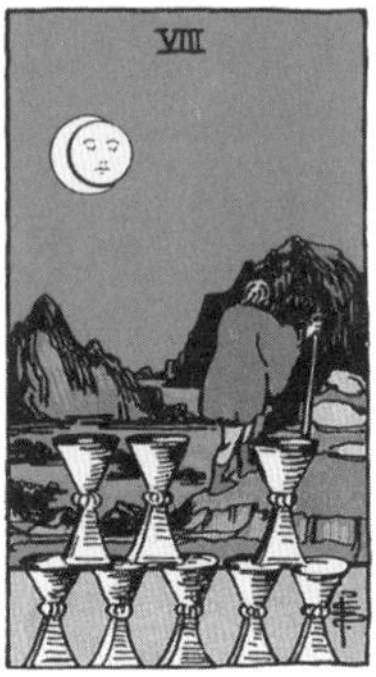
VIII

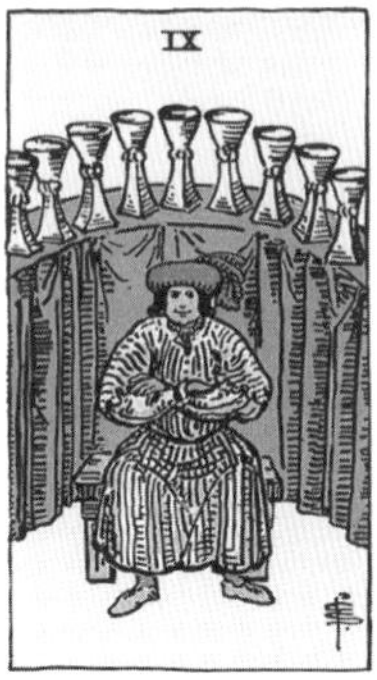
IX

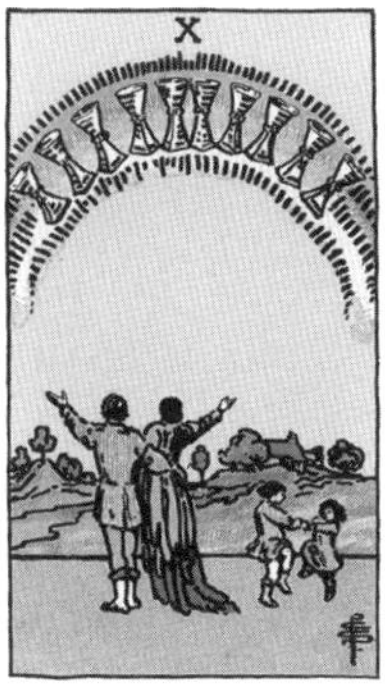
X

Apresentação de Cada um dos Arcanos Menores

Paus

Paus = o Espírito empreendedor, o Sucesso e a Fama

O indivíduo do elemento Fogo
Signos zodiacais: Áries, Leão, Sagitário

Elemento: Fogo
Inglês: *Wand, Rod*
Cartas de baralho: paus, bastões, trevos
Outro nome: clava

Associações: Maturidade humana, crescimento espiritual, ideais, dinamismo, expansão, poder, política, comércio, conflitos, sucesso e fracasso. Ganho ou perda. O jogo da vida.

O bastão como apoio, arma, força e crescimento. O bastão do qual brotam as folhas = força criativa, nova vida, renovação.

O Elemento Fogo

Desde a Antiguidade, o fogo é visto como uma força divina. A mitologia conta como Prometeu (Lúcifer) o roubou dos deuses, provando ser um verdadeiro amigo dos homens e trazendo-o para o mundo escuro e frio. O fogo simboliza a nossa força vital, a nossa vontade; representa a centelha divina em nós. Seu lado luminoso consiste em aquecer e clarear; seu lado escuro consiste em queimar e incendiar.

No âmbito humano, representa a vontade, ao contrário dos desejos passivos, a vontade de evoluir, o esforço para elevar-se. Personifica a força moral da humanidade, sua luta pelos ideais. O indivíduo com natureza ígnea vive a vida real como algo que precisa ser melhorado, enobrecido, e que ele pode e deve submeter à própria vontade. Ele é o domador na arena da vida. Nisso o ajudam sua força, sua coragem, seu otimismo e sua capacidade de sentir um prazer que tem algo de esfuziante, de contagioso. Ele é o pioneiro, o líder que sabe o que quer, e, graças a essa convicção íntima, consegue inflamar os outros para a sua causa. Como a vontade sempre indica o futuro, o pensamento e a ação de um nativo de Fogo estão predominantemente direcionados ao futuro. Ele vê a vida como o que ainda tem de ser feito, como o que ainda tem pela frente. Portanto, uma das mais difíceis experiências que enfrenta é sentir que está envelhecendo e que as forças estão diminuindo.

Portanto, temos diante de nós um indivíduo voluntarioso, dotado de forte tendência para a liderança. Seu modo de pensar é acentuadamente subjetivo, visto que sua vontade antecede qualquer conhecimento objetivo e, desse modo, o raciocínio leva aos objetivos determinados pela vontade. "O que não pode ser, não pode ser", é a posição que se oculta por trás desse raciocínio. Em consequência, seu julgamento não se orienta tanto pelo critério de certo ou errado, mas muito mais pelo que é bom ou mau, respectivamente pelo bem e pelo mal. Para o fogo, é de vital importância o elemento Ar, o âmbito da compreensão e do conhecimento; caso contrário, ele se apaga. "Não sei o que quero", seria o estado resultante desse fato. No entanto, ar em demasia faz com que o fogo se erga em labaredas de força incontrolável. Essa imagem corresponde à sensibilidade, das pessoas voluntariosas, às críticas. A inteligência fria, calculada e crítica (ar) pode levar as pessoas de fogo à inflamarem-se, visto que, devido às suas tendências individualistas, não valorizam a autocrítica e nem estão dispostas a justificar na prática suas convicções. "O fato de eu acreditar deve bastar" é a sua posição. Com base no que foi dito, é fácil reconhecer o lado obscuro desse elemento: o dogmático, o fanático, mas também o presunçoso, o exibicionista, o irreverente intrometido, o fariseu. O nativo de fogo vive como nenhum outro sua singularidade e sua grandeza. Exatamente aqui estão as ciladas: quem imagina que é a medida de todas as coisas, sem qualquer autocrítica, torna-se facilmente vítima da própria ambição e se exclui constantemente de novas experiências e conhecimentos. O clero que se recusou a olhar através do binóculo de Galileu ilustra bem essa posição. Tolerância e humildade são palavras estranhas que o indivíduo de fogo só aprende amargamente.

No amor, é importante para os nativos de fogo a dedicação e a entrega conjunta a objetivos mais elevados, bem como a admiração de um parceiro pelo outro. Por um lado, relacionamentos são conflitantes e podem promover o calor por meio do atrito, o que prova aos nativos de fogo que o relacionamento está vivo. Por outro lado, existe liberdade e entusiasmo em uma relação dirigida por padrões morais elevados e que se caracteriza por cuidado mútuo e respeito.

Quando a pessoa de fogo faz uma retrospectiva da sua vida, ela se pergunta: "De acordo com quais convicções eu vivi, de que modo expressei minha vontade?".

Rei de Paus

Os tons avermelhados desta carta representam o elemento Fogo que o Rei de Paus personifica, assim como as "chamas" da sua coroa e os leões do encosto do seu trono. Perto dele está a salamandra, o espírito da natureza relativo ao elemento Fogo. A grande quantidade de salamandras que mordem a cauda em sua capa e no encosto do trono simboliza o amadurecimento e a perfeição. O capuz sob a coroa representa, como no caso dos outros reis, sua responsabilidade como protetor.

Outros nomes e imagens que facilitam a interpretação: O rei da vontade, o rei dos ideais e da moral, o rei enérgico e temperamental. O herói, o lutador, o conselheiro, o Rei Artur, Barba-roxa, Salomão.

Qualidades: Força de vontade, coragem, espírito empreendedor, autoconsciência; o que enfrenta riscos com determinação, o cativante, o exemplo, o ambicioso, o entusiasmado, o sábio, o idealista.

Sombra: O arrojado, o intolerante, o egoísta, o brutal, o rude, o sádico, o despótico.

Profissões típicas: Empresário, organizador, político, chefe, representante, juiz, policial, soldado.

Interpretação tradicional: Como pessoa: homem maduro, amigável, bem-intencionado, prestimoso, nobre, influente, entusiasmado e terno; forte, orgulhoso, esperto, honrado. Superior, idealista, pregador da liberdade.

Carta invertida: Como pessoa: como acima, mas mais sério; crítico, severo, porém sensato.

Como acontecimento: um bom conselho que deveria ser acatado.

Rainha de Paus

Os tons marrom-avermelhados do trono com os leões no seu encosto, bem como as cabeças de leão de ambos os lados, simbolizam o elemento Fogo. O ouro em seu vestido e os girassóis simbolizam o Sol, símbolo da energia vital e do calor. O gato preto diante dela indica a sua sabedoria e flexibilidade e serve de proteção para acontecimentos desagradáveis.

Outros nomes e imagens que facilitam a interpretação: A rainha do desejo, da coragem, dos ideais. A rainha enérgica, temperamental. A amazona, a lutadora, a companheira. Joana d'Arc, Antígona, as ciganas.

Qualidades: Otimista, alegre, independente, autoconsciente, correta, nobre, empreendedora, que enfrenta riscos com decisão; livre, voluntariosa, sábia.

Sombra: A mulher dominadora, a "sabichona", intolerante, rude, brutal, egoísta, ciumenta, dramática, colérica.

Profissões típicas: Veja Rei de Paus.

Interpretação tradicional: Como pessoa: mulher madura, vigorosa, atraente, amigável, desejável, independente, ligada à natureza, misteriosa, honrada, com grande poder de atração.

Como acontecimento: uma "boa colheita", sucesso nos negócios.

Carta invertida: Como pessoa: como acima, mas mais reservada, desconfiada, ciumenta.

Como acontecimento: boa oportunidade, que não deve ser desperdiçada.

Cavaleiro de Paus

Mais uma vez os tons vermelhos indicam o elemento Fogo. O enfeite do elmo lembra chamas de fogo que também parecem bater-lhe nas costas. Ele cavalga pela amplidão do deserto, que também podemos associar com calor. Seu cavalo se agita impaciente. Corre o risco de ser arremessado para fora da montaria. Em oposição às salamandras que mordem a cauda na roupa do Rei, as salamandras do traje do Cavaleiro ainda não fecharam o círculo, o que indica um grau inferior de amadurecimento.

Sugestão de interpretação: O Cavaleiro de Paus representa uma disposição temperamental, cativante, dinâmica, impaciente, empreendedora, que assume riscos com decisão, aventureira.

Sombra: Atmosfera perigosa, precária, impaciente e agressiva demais, egoísta.

Interpretação tradicional: Como pessoa: homem jovem, vigoroso, otimista, impulsivo, um tanto apressado, impetuoso, mas amável; misterioso. O amigo em quem podemos confiar incondicionalmente. O ajudante, o intermediário.

Como acontecimento: evento desagradável; também partida, despedida, mudança de lugar.

Carta invertida: Como pessoa: como acima, mas com exagero. Cai em todas as tentações.

Como acontecimento: separação, relacionamento frustrado, discórdia, distanciamento.

Valete de Paus

Tal como acontece com o Cavaleiro de Paus, as cores, o deserto, as salamandras e a pena do chapéu que lembra uma chama representam o elemento Fogo. Tal como na roupa do Rei, há algumas salamandras fechadas em círculo, mas que neste caso simbolizam simplicidade.

Sugestão para interpretação: O Valete de Paus traz uma chance, a exigência de fazer alguma coisa. Uma sugestão que agrada o consulente, pois lhe diz respeito. Uma novidade que é aceita de forma positiva. Um convite para um empreendimento comum.

Sombra: Sugestão que envolve risco; sugestão leviana e impensada. Chance duvidosa.

Interpretação tradicional: Como pessoa: jovem mulher/criança franca, amante da liberdade, otimista, de boa família, confiável. Embaixador, operário.

Como acontecimento: notícias boas e inusitadas: novo emprego, promessa de trabalho.

Carta invertida: Como pessoa: como acima, mas instável.

Como acontecimento: más notícias, indecisão, doença.

Dez de Paus

Um homem leva desajeitadamente 10 bastões para uma casa. Os vários bastões roubam-lhe a visão e o fazem cair. Com isso, a carta representa uma época ou tarefa em que esperamos demais de nós mesmos e perdemos a real perspectiva dos fatos. Pode ser facilmente a etapa que precede o Enforcado (XII).

Interpretação tradicional: Opressão e novo início; nenhuma perspectiva; perde-se o controle da situação; excessos (profissionais) de responsabilidade.

Carta invertida: Contradições, dificuldades. Mas também: livrar-se das contrariedades.

Nove de Paus

Um homem expectante, na defensiva, está diante de uma paliçada de bastões. Não se vê sinal do atacante, mas a atadura na sua cabeça faz supor o ferimento de uma batalha anterior. O endurecimento que esta carta sugere pode corresponder à Torre (XVI). Simboliza com frequência ameaças, que sentimos sem que haja razão justificada para elas.

Interpretação tradicional: Recusa, enrijecimento, incerteza, reflexão, precaução, hesitação, remoção de obstáculo do passado, resistência.

Carta invertida: Impedimentos, circunstâncias opressivas, azar.

Oito de Paus

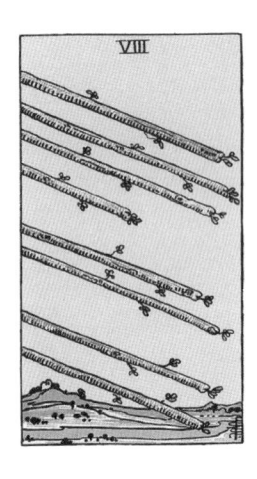

Oito bastões (dardos) voam através de campo aberto e logo atingirão o alvo. Waite também os chama de dardos do amor. A carta indica acontecimentos frenéticos e, portanto, que muito em breve surgirá ou acontecerá algo. A vivacidade pode corresponder à carta do Mundo (XXI).

Interpretação tradicional: Tombo/queda, dúvidas em relação a si mesmo; desistência, insegurança.

Intepretação de Waite: Há algo em curso. Dardos do amor; uma época agitada, movimentada, em que há pressa de alcançar um objetivo. Férias, indicação de um acontecimento em breve.

Carta invertida: Ciúme, remorsos, dúvidas, maldição na casa. Discussão e trabalho, que parecem não ter fim.

Sete de Paus

Um jovem lutador está num local elevado e se defende de um agressor que voltou 6 bastões contra ele. A carta mostra ataques ou a inveja dos outros. Pode ser vista como o âmbito do Carro (VII).

Interpretação tradicional: Sucesso espiritual, publicidade, boas ideias, iniciativa surpreendente, harmonia espiritual e anímica; valentia.

Interpretação de Waite: Sentir que o desafiam, que enfrenta competição, inveja e ataques. Luta em posição vantajosa com possível sucesso. Enfrenta oposições.

Carta invertida: Dificuldades, medo, indecisão, encabulamento, excesso de confiança em si mesmo.

Seis de Paus

Um cavaleiro com uma coroa de louros e um bastão e soldados a pé. Ele cavalga um cavalo branco, coberto com uma capa verde. Waite também o denomina de mensageiro do rei. Esta carta tem certo parentesco com o Carro (VII), pois simboliza a partida vitoriosa. Aqui está representada a volta ao lar; o cavaleiro está famoso depois da vitória.

Interpretação tradicional: Crise, insegurança, perda de tempo, sentimentos de inferioridade, falta de vontade para tomar decisões, dúvidas.

Interpretação de Waite: Novidades, fama, vitória, otimismo.

Carta invertida: Medo, traição, infidelidade, adiamento.

Cinco de Paus

Cinco jovens numa batalha de brinquedo, que tem caráter predominantemente esportivo, nada sério. Trata-se de medir forças ou de exteriorizá-las. A carta também pode representar a fracassada tentativa de partir da situação da carta do Enforcado (XII); no mais, ela representa de preferência o teste de forças antes da partida do Carro (VII).

Interpretação tradicional: Você está no caminho certo. Continue assim!

Interpretação de Waite: Competição, luta pela vida, lucro, abundância, intriga, pancadaria, atrito, cabo de guerra. Também: fazer-se de importante.

Carta invertida: Litígio, briga, fraude, contradição, quebra de contrato.

Quatro de Paus

Duas mulheres com ramalhetes nas mãos deixaram uma cidade a fim de festejar ao ar livre sob os bastões enfeitados com guirlandas. A alegria desta carta lembra a do Mundo (XXI), o motivo para os festejos, possivelmente a dos Enamorados (VI), o otimismo, a do Sol (XIX). Por outro lado, esta carta pode ser o tema visivelmente oposto ao da Torre (XVI). As duas pessoas que vemos cair na Torre vestem trajes iguais aos dessas duas, que aqui saem alegremente desarmadas dos muros de "proteção".

Interpretação tradicional: Alegria, harmonia, crescimento, sucesso merecido, otimismo, ajuda (material); novos contatos, novos relacionamentos.

Interpretação de Waite: O significado da carta não muda.

Carta invertida: Incerteza, o que se alcançou tem de ser cuidadosamente cultivado.

Três de Paus

Um homem de ombros largos está num lugar elevado entre três bastões e espera (segundo Waite) pela chegada dos navios. A base sólida sobre a qual está de pé e a amplidão do horizonte mostram um terreno firme e sua grande perspectiva. Por meio de seu tema criativo, esta carta se assemelha com a da Imperatriz (III).

Interpretação tradicional: Ideias, sucesso, planos vivificadores; bom início de negócio, força, espírito empreendedor, êxito financeiro, criatividade.

Carta invertida: O fim do marasmo, esforços e circunstâncias terríveis.

Dois de Paus

O homem com a esfera do mundo na mão está entre dois bastões na ameia de um castelo e olha para um rio. Perto dele, da Cruz de Santo André crescem duas rosas (virtude e beleza) e dois lírios (pureza espiritual). Segundo Waite, a figura lembra a solidão de Alexandre Magno. Diz a lenda que, após conquistar todo o mundo, Alexandre chorou por não saber o que fazer da vida depois disso. Logo em seguida, morreu. A pessoa da carta também tem dificuldades para se entrosar em algo. Se os dois bastões representarem a tensão, então ele já se decidiu por um dos lados, na medida em que procura segurá-lo; mas, tanto antes como depois, ele está exatamente no ponto neutro, na tensão nula. A necessidade de optar por um lado e se engajar aproxima a carta da decisão dos Enamorados (VI).

Interpretação tradicional: Brigas, debates, desentendimentos.

Interpretação de Waite: Esclarecimento necessário dos pontos de vista. Ter de se engajar; doença, tristeza.

Carta invertida: A vontade de abandonar alguma coisa.

Interpretação de Waite: Perspectivas surpreendentes; fazer novas experiências; espanto.

Ás de Paus

A mão envolta de raios do Criador pega o bastão do qual brotam 10 folhas. O Ás contém o potencial total de cada uma das séries, de modo que as 10 folhas simbolizam as 10 cartas de Paus. A maneira com que as 8 folhas caem está ligada ao símbolo hebraico para Yod, a primeira letra do nome divino. O número 8 pode se referir aos acontecimentos agitados da 8ª carta de Paus. A força, coragem e decisão desta carta formam um vínculo com o Mago (I) e a Força (XI).

Interpretação tradicional: Força, coragem, novos impulsos; energia, domínio de uma temática; poder, sorte, fertilidade, criatividade, decisão. O Ás sempre é uma oportunidade para a compreensão que está em nós e que deve ser aproveitada.

Carta invertida: Azar, queda, submersão; vazio espiritual, estagnação.

Espadas

Espadas = o Intelecto agudo, a Discórdia e a Infelicidade.

O indivíduo do elemento Ar

Signos zodiacais: *Libra, Aquário, Gêmeos.*

Elemento: Ar
Inglês: *Sword*
Cartas de baralho: espadas, verde, folha.

Associações: Distinção, decisão, conhecimento claro, inteligência crítica, capacidade de julgamento, perdas, separação, desentendimento, luta, doenças, infelicidade, sofrimento, perigos, morte, injustiça.
A espada como arma para ferir e matar.
A espada como instrumento para cortar, separar e destruir.

O Elemento Ar

Sentimos o elemento Ar como móvel, claro, fresco, refrescante e reanimador. Ele é o nosso raciocínio, que neste elemento se sente em casa. O conhecimento claro, objetivo, a ideia pura, que não é perturbada por nenhum preconceito (Fogo), interesse (Terra) e nenhuma emoção (Água) é o ideal pelo qual lutam os nativos de Ar.

Trata-se do mundo da abstração, da matemática, da lógica formal, do jogo de xadrez, em que o intelecto floresce. Como o próprio ar, o indivíduo com ênfase em Ar cerca o problema por todos os lados e, com a agudeza de espírito que lhe é própria, descobre o enfoque pelo qual o abordar.

Essa mobilidade, que muitas vezes tem algo de intangível, é a capacidade de captar "como pura e simples teoria" uma multiplicidade de pontos de vista e de atuar como *Advocatus Diaboli*, conseguindo conciliar opiniões contrárias, e traz ao indivíduo de Ar a fama de ser um traidor da própria causa, um sofista, um orador envolvente, um indivíduo no qual não se pode confiar por mudar sempre de opinião. Seu mundo é o das palavras e dos conceitos; brincar com eles lhe dá prazer. Sua versatilidade, sua curiosidade, a conversação solta, o bate-papo à toa e o jogo sutil de palavras o tornam uma pessoa interessante. A predileção pelo esporte intelectual, a crítica instantânea de sua inteligência e sua cortante perspicácia o tornam, por outro lado, um adversário perigoso no caso de discussões verbais, pois logo ele estampa no rival mais lento, com indisfarçada arrogância, a pecha de "incapaz".

Aqui, o lado escuro está na impossibilidade de dedicar-se a uma causa, quer se trate de uma convicção ou de uma tarefa; está também na limitação ao conhecimento a que não se segue, necessariamente, uma ação. O representante da verdade que está nos jornais, que só vale por um dia, e o filósofo de espreguiçadeira, que traz na cabeça suas ideias de como melhorar o mundo sem fazer qualquer tentativa de converter alguma delas em realidade. Mas também o estrategista frio e calculista, que com sua inteligência superior observa a vida como um jogo de xadrez, sem ser incomodado por reflexões moralistas, tirando inescrupulosamente suas vantagens. E também o cínico debochado que, tendo em vista sua incapacidade de acreditar em valores mais elevados, busca irritar os outros em suas crenças, por meio de um duplo jogo de palavras, pertence ao lado sombrio desse elemento.

O modo de pensar agudo e exato torna o indivíduo de Ar amigo e representante da lógica formal, que faz distinção clara entre o falso e o verdadeiro. Ele é o aluno da escola clássica, que valoriza as analogias em que as consequências são deduzidas de maneira indutiva e dedutiva. É um mestre das diferenciações em níveis cada vez menores. É nisso que vê a grande realização humana, a base de todos os seus conhecimentos. Contudo, não manifesta interesse pelo fato de suas reflexões terem ou não alguma relação com a realidade. Enquanto convencerem por si mesmas, sente prazer em segui-las e em apresentá-las aos outros como se fossem uma composição bem-sucedida. No amor, os indivíduos de Ar primeiro cuidam das regras do jogo, do relacionamento-modelo, em que os parceiros são considerados substituíveis. Aqui também versatilidade é a palavra-chave, o que os faz parecer com frequência infiéis. O sentimento "esta e não outra" não tem sentido para o nativo de Ar. Para ele, o parceiro sempre é um substituto da imagem idealizada. Trata-se do relacionamento de dois indivíduos independentes que querem viver segundo as leis da honestidade e da gentileza.

Quando o indivíduo de Ar faz uma retrospectiva da sua vida, faz a si mesmo a pergunta: "Que ideias tive, que conhecimento adquiri?".

Como a fria e calculista inteligência muitas vezes considera a vida sentimental um caos generalizado e os caprichos como algo inferior, ele parece ter feito de si mesmo a vítima preferida para seus ataques. Principalmente no nosso mundo ocidental, a ênfase na "boa cabeça" é tão acentuada que uma vida espiritual e sentimental perturbada parece ter-se tornado lugar-comum. Mas, como é desse âmbito que brotam as forças da simpatia e do amor, o domínio do intelecto é uma ameaça para a nossa luta por harmonia. Na série de espadas, as cartas do Tarô falam predominantemente de dor, de despedidas, de separações e de lutas. A técnica isolada de luta é exemplificada no seguinte excerto literário (de Sheldon Kopp, *Triffst Du Buddha unterwegs...* [Se Encontrares Buda no Caminho...]) sobre "Última" – uma variante do xadrez com regras de jogo não convencionais, como metáforas para jogos entre pessoas que se desentendem:

1. O que *recua* pode vencer a figura a seu lado, à medida que se afastar dela.

2. O que *coordena* vence um inimigo que se interpõe entre ele e um aliado.

3. O que *bloqueia* mortalmente não pode bater, mas paralisa qualquer figura inimiga que esteja perto dele e, só depois de ter-se retirado, esta adquire forças outra vez. A figura bloqueada só pode fugir por meio do suicídio. Ela pode se autodestruir e, desse modo, livrar o caminho para ataques contra o bloqueador.

4. O *camaleão* pode bater de qualquer modo, mas precisa fazê-lo exatamente da mesma maneira que a sua vítima. O tipo de ataque depende da figura que o camaleão quer atacar. Naturalmente, nenhum camaleão pode bater em outro camaleão.

Rei de Espadas

As cores frias desta carta correspondem ao âmbito claro, puro e isento de emoções do Ar. O âmbito do intelecto aguçado (espadas), das ideias precisas que não são perturbadas nem por intensidades (Água), nem por preconceitos (Fogo), nem por vontades materiais (Terra). O tipo aéreo gosta de ser comparado com uma borboleta, cujas leveza, "curiosidade" e inconstância correspondem à flexibilidade do espírito. Três borboletas são reconhecíveis como emblema no encosto do trono. No céu voam dois pássaros, que desde a Antiguidade são associados à sabedoria e ao conhecimento (veja a Estrela, XVII). O número 2 indica o espírito incansável que pode questionar um conhecimento recém-adquirido por intermédio de um ponto de vista diferente. Essa constante relativização no sentido de um ritmo tríplice, tese-antítese-síntese, leva a conhecimentos espirituais cada vez mais elevados. Por outro lado, o ser humano assim dotado aparece ao espectador de fora como um indivíduo não confiável, que vive mudando de ponto de vista, cujo espírito perspicaz não consegue reconhecer nenhuma verdade, mas fica brincando com ela de modo inteligente, por vezes brilhante, e com um malicioso jogo de palavras, revirando-a por tanto tempo, até que somente restem fragmentos do conhecimento original. Ao fazer isso, seu espírito tem uma espécie de flexibilidade e de indiferença.

Quando o Rei de Espadas resolve entrar no espírito de um acordo, temos diante de nós o Mestre das Palavras que sabe lidar com elas de tal maneira que o sentido original se perde por completo ou então se transforma totalmente no oposto. Por outro lado, ninguém mais do que o Rei de Espadas tem a capacidade de escalar o cume mais ermo do conhecimento espiritual e de viver no frio e no abandono do mundo desse cume. O lado luminoso desse elemento é o juízo superior, divino, o âmbito do qual fluem para nós os mais profundos conhecimentos.

Outros nomes e imagens destinados a facilitar a interpretação: Rei da Razão, da palavra, do intelecto claro, lógico, divertido, ou frio e calculista. O Rei perspicaz, o estrategista, o intelectual, o dialético, o sofista, o cínico, o jogador de xadrez, o matemático, o ardiloso Ulisses.

Qualidades: Perspicácia, capacidade de julgamento, força de conhecimento, loquacidade, capacidade de abstração praticamente objetiva, analiticamente distanciada, crítica.

Sombra: O gozador, o cabeça-de-vento, o que não tem critério; o calculista, o indiferente, o cínico, o ardiloso; o desperdiçador, o instável, o infiel.

Profissões típicas: Acadêmico, repórter, jurista, filósofo, retórico, matemático, literato, crítico, dono de cabaré, diplomata, homem de negócios, corretor.

Interpretação tradicional: Como pessoa: homem maduro, advogado, com grande poder de persuasão; loquaz, inteligente, perspicaz, brilhante, analítico, prático, justo.

Como acontecimento: guerra, desentendimento, processo judicial.

Carta invertida: Como pessoa: homem difícil, complicado, calculista, egocêntrico, maldoso, cínico, cruel, sádico.

Como acontecimento: crueldade, desumanidade, processo judicial perdido.

Rainha de Espadas

O simbolismo desta carta corresponde amplamente ao que foi dito sobre o Rei de Espadas. No entanto, a borboleta dourada da sua coroa, a espada empunhada com calma, na posição vertical, e apenas um pássaro no céu indicam que a força espiritual está "voltada para um determinado conhecimento" em vez de sempre se dividir em novas relativizações. Ela aparece com o braço esquerdo (inconsciente) levantado. De seu pulso pende o resto de algo que faz supor cadeias anteriores, das quais ela se libertou com a ajuda da espada (a razão).

Desde que as forças da inteligência só são reconhecidas de má vontade no sexo feminino, as interpretações dessa carta são predominantemente negativas.

Outros nomes e imagens, para facilitar a interpretação: A loquaz rainha da razão, da fina e clara observação e do intelecto afiado e agudo. A rainha independente, a estrategista, a fria calculista.

Qualidades: A esteticista, intelectual, prendada, culta, independente, espirituosa, rica em ideias, finamente encantadora.

Sombra: A mulher frígida, mentirosa, calculista, cínica, traiçoeira, instável, inabordável.

Profissões típicas: Veja Rei de Espadas.

Interpretação tradicional: Como pessoa: mulher madura, determinada, fria, reservada, controladora, obstinada, esperta, cuidadosa.

A mulher que se tornou rígida devido às experiências traumatizantes (viúva).

Como acontecimento: luto feminino, privação, esterilidade, separação.

Carta invertida: Como pessoa: mulher dominadora, exigente, fria, calculista, hipócrita, tagarela e difamadora.

Como acontecimento: ambiente envenenado, tragédia, maldade.

Cavaleiro de Espadas

Esta carta revela o caráter tempestuoso do elemento Ar. A espada afiada do intelecto, que varre a Terra como um furacão com força monstruosa e fio cortante, destruindo todos os obstáculos. Pelo tema desta carta, o lado sombrio tenta passar do segundo para o primeiro plano.

Sugestão para interpretação: O Cavaleiro de Espadas traz uma atmosfera de inteligência clara, bem calculada e repleta de sinuosidades táticas, o mundo do conhecimento puro, uma disposição em que a vida é vivida como se fosse um jogo de xadrez.

Sombra: Atmosfera fria, gélida; disposição agressiva, vontade de brigar; táticas geladas, discussões veementes, queda de temperatura.

Interpretação tradicional: Como pessoa: homem jovem, inteligente, frio, reto, conquistador, sem consideração; soldado, policial.

Como acontecimento: ajuda inesperada, também impessoal nos desentendimentos; prenúncio de uma ação heroica; habilidade, coragem.

Carta invertida. Como pessoa: alguém desagradável, frio, intelectual e que sempre quer ter razão.

Como acontecimento: luta com rivais, briga com uma pessoa tola, imprudência, intransigência, exagero, hostilidade.

Valete de Espadas

O Valete, que entre as cartas de figuras é o mais moço, ainda pratica o manejo da espada. Os 10 pássaros no céu mostram a multiplicidade de suas ideias, que até agora mais o atormentam do que lhe trazem esclarecimento.

Sugestão para interpretação: Quando entendemos valetes como chances que nos chegam do exterior, trata-se aqui da chance de esclarecer alguma coisa. Por exemplo, pode ser uma conversa em que a objetividade e a inteligência analítica do outro nos ajudem a trazer clareza para a confusão de nossos próprios assuntos.

Sombra: A "chance" que se nos apresenta é um violento conflito, uma briga conduzida com rigidez, uma discussão maratônica.

Interpretação tradicional: Como pessoa: mulher jovem/criança, flexível, viva, curiosa, indiscreta, atenta, maldosa.
Como acontecimento: indiscrições, escândalos.

Carta invertida: Como pessoa: ingrata, excessivamente crítica, complicada, egocêntrica, temperamental, confusa, de caráter difícil, mentirosa.
Como acontecimento: fracasso, frustração, novidades surpreendentes, doença.

Dez de Espadas

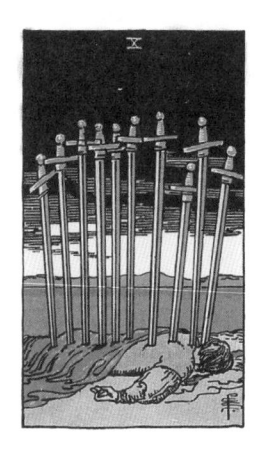

Um homem perfurado por 10 espadas jaz esticado no chão. O mar (experiência espiritual) que ele não alcançou parece estar gelado. O céu está escuro e até mesmo o horizonte dourado (esperançoso) parece frio.

A carta se parece com a da Morte (XIII), porém sem a sua ideia de transformação. Diferentemente, temos uma perturbação intencional que causa a morte, a força mortal da inteligência. Muitas vezes essa carta representa o fim de um estado intolerável provocado intencionalmente.

Interpretação tradicional: Fim degradante, o pior que se pode suportar. Luto, melancolia, ruína, catástrofe, crueldade, morte; terminar algo com violência.

Carta invertida: Vantagem, sorte, lucro – porém não duradouros.

Nove de Espadas

Uma mulher que acorda assustada de noite, levantando-se da cama. As 9 espadas penduradas sobre ela mostram a ameaça que ela sente. Sobre sua coberta há 24 rosas, bem como glifos de planetas e signos zodiacais. Por um lado, podem ser entendidos como o motivo de sua preocupação: o amor ou o destino, tudo junto. Por outro lado, também poderia sugerir consolo: o amor divino e a sabedoria da Providência. A temática dos pesadelos desta carta tem bastante semelhança com a Lua (XVIII), embora os temores aqui sejam antes provocados pela atividade mental desenfreada.

Interpretação tradicional: Desespero, desconsolo, pesadelo; ser deixado só; aborto, insucesso, autorrecriminação.

Carta invertida: Desconfiança, medo justificado, prisão.

Oito de Espadas

Uma mulher amarrada, com os olhos vendados, está de pé, com um pé na água e o outro em solo seco entre 8 espadas. Há 3 espadas à esquerda e 5 à direita dela. Assim, ela está no lugar da quarta, e isso corresponde, de certo modo, ao tema do aprisionamento do Quatro de Espadas. Presa entre as espadas e amarrada, ela ainda pode se mover – mesmo que com dificuldade – mas com os olhos vendados não consegue se orientar. A carta mostra muitas vezes um campo que não queremos aceitar em nós, isto é, que não consideramos nosso, que de alguma maneira até mesmo trancamos do lado de fora. Tal como o prisioneiro do lado de fora da fria prisão, em segundo plano. A experiência da Torre (XVI) teria aqui um efeito libertador. Mais agradável, no entanto, seria a experiência libertadora da redenção no Julgamento (XX).

Interpretação tradicional: Cadeias (interiores), o indivíduo é seu próprio escravo; humilhação, sentir-se física ou espiritualmente arrasado; fraqueza, doenças, estagnação, insegurança.

Carta invertida: Golpes do destino; acidente, oposição, traição.

Sete de Espadas

Um homem em roupas de nômade consegue escapar de sua tenda (prisão) usando 5 espadas. Isso torna o tema da carta claro: conseguir escapar urdindo uma trama contra os outros, traindo-os. Assim, esta carta corresponde ao lado escuro do Mago (I) e, portanto, naturalmente também ao grande mago negro, o Diabo (XV). Na interpretação, não fica muito claro se o tema deve ser compreendido ativa ou passivamente, isto é, se a pessoa trai ou é traída. Em geral, mostra-se o lado ativo. Trair, aqui, também representa o sentido de desonestidade.

Interpretação tradicional: Coragem, autoconfiança, obter seus direitos; esperteza, o reino de Till Eulenspiegel, ação espiritual súbita e significativa.

Interpretação de Waite: Evadir-se; ardis e malícia, traição.

Carta invertida: Um bom conselho se faz necessário, difamação.

Seis de Espadas

Um barqueiro leva dois passageiros em um bote para a outra margem do rio. Para Waite esta é uma das cartas menos favoráveis da série de Espadas (ao lado do Ás e, conforme as circunstâncias, o Quatro de Espadas). Waite se fundamenta no fato de se tratar especificamente de um barqueiro e do fato de a água estar parada. O tema lembra a figura mitológica do Caronte, o barqueiro que atravessa as almas dos mortos do rio Estige para o Hades.

O tema por certo pode ser interpretado como "chegar à margem repleto de temores". Com essa interpretação, vemos uma semelhança com o Carro (VII), que também é obscurecido pela Lua (XVIII).

Interpretação tradicional: Irritação, obstáculos, atrapalhar a própria vida, remoer pensamentos.

Interpretação de Waite: Novos horizontes, ajuda, viagem (marítima).

Carta invertida: Não conseguir se desvencilhar de um ambiente desfavorável. Adiamento de um propósito ou de uma mudança. Publicação.

Cinco de Espadas

Aqui, as interpretações e o motivo divergem claramente. A imagem sugere a identificação com a pessoa em primeiro plano, o vencedor. No entanto, as interpretações vão na direção da humilhação, da derrota etc. Em todo caso, trata-se de uma luta acirrada e extremamente desagradável. A vitória nessa batalha também costuma ser designada como uma vitória de Pirro. O espírito da carta pode ser visto na sequência do homem com a espada. As correspondências com os Arcanos Maiores são vagas. De certo modo, aqui se reconhecem os lados obscuros do Carro (VII) e da Força (XI).

Interpretação tradicional: Rebaixamento, derrota; perdas, humilhação, ciúme; medo, traição, sordidez; vitória de Pirro, intriga.

Carta invertida: Mudança inesperada para pior.

Quatro de Espadas

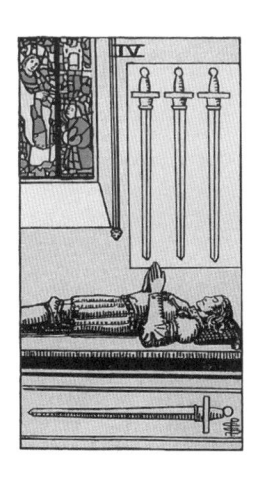

Um cavaleiro com mãos postas em oração está deitado num túmulo. Sobre ele, um vitral que representa um santo com auréola, abençoando outra pessoa ajoelhada diante dele. A carta nos leva ao silêncio sepulcral do túmulo. Tal como no Enforcado (XII), temos aqui de lidar com a paz "imposta", que só em raros casos é buscada voluntariamente.

Trata-se da pausa forçada (devido a uma doença) e do isolamento involuntário. O tema dessa carta nos lembra a lenda do Rei Artur, que, com sua espada Excalibur, repousa na ilha próxima de Avalon até retornar outra vez a este mundo, aliás, até poder retornar.

Interpretação tradicional: Recolhimento, isolamento, tristeza; retirada, vigilância, renúncia, ascetismo, sacrifício; sentimentos feridos.

Carta invertida: Orientação sábia, visão, economia. Adiamento de decisões. Ter de permanecer em imediações desagradáveis.

Três de Espadas

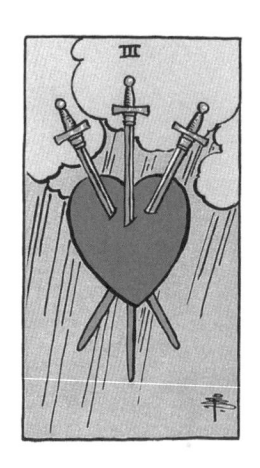

O coração ferido pelas espadas devido às dores do amor não precisa de explicação, mas reduzir o tema somente a essa interpretação não seria correto. Trata-se generalizadamente de uma decisão racional (espadas) que é tomada em detrimento do sentimento, mas que precisava ser tomada. Também representa a vida sentimental reprimida pelo intelecto mais sóbrio. Portanto, temos aqui o tema oposto ao da carta da Temperança (XIV), na qual o âmbito espiritual e o mental estão em harmonia, e também, é claro, de parte do tema da carta dos amantes, a decisão dos Enamorados (VI).

Interpretação tradicional: Erros repetidos, dores do amor, desespero, expulsão, rompimento, separação, lágrimas, dor, antigas cicatrizes.

Carta invertida: Distanciamento espiritual, erros, perdas, confusão.

Dois de Espadas

A mulher com os olhos vendados não pode ou não quer ver. Com suas duas espadas – símbolos da dúvida – impede o acesso ao mar e à Lua, os âmbitos de profundas experiências da alma. Temos aqui de lidar com a dúvida corrosiva que surge quando perdemos nossa capacidade de obter conhecimento intuitivo, além de não confiar na intuição que porventura tivermos. Esse é exatamente o tema oposto ao da Sacerdotisa (II), que para nós representa a mestra do conhecimento lunar e do acesso ao mar profundo do conhecimento.

Interpretação tradicional: Dúvida atormentadora, contradições, inimizades: processo judicial; pessoas desagradáveis à nossa volta; incapacidade de decisão; doença. Avaliação de consequências não compreendidas ou invisíveis.

Carta invertida: Traição, falsidade, ambiguidade, infidelidade, falsas decisões.

Ás de Espadas

A mão do Criador envolta em raios segura a espada que empunha uma coroa enfeitada de louros. As gotas douradas que caem representam o símbolo hebraico de Yod, as primeiras letras do nome divino. Elas podem indicar o seis de espadas, a única carta da série que representa ajuda. A coroa dourada (Kether) torna a espada da razão um símbolo da inteligência superior. Ela aponta para objetivos nobres. O panorama montanhoso abaixo pode ser interpretado como a solidão, a friagem das alturas, na qual se obtém o primeiro conhecimento. Desse âmbito surge a associação com o Eremita (IX). A força de julgamento, por outro lado, corresponde à temática da Justiça (VIII). Para Waite, esta carta representa também a ideia da Decisão, que ele excluiu da interpretação da carta dos Enamorados (VI).

Interpretação tradicional: Força, coragem; força decisiva, disposição para enfrentamentos; autoconfiança, conquista, esperteza, ideias claras; luta por uma boa causa, uma experiência decisiva.

O Ás representa uma oportunidade que depende de nós e que devemos saber usar.

Carta invertida: Endurecimento, beligerância, fraqueza de vontade, vitória de Pirro.

Ouros

Ouros = o Mundo físico, os valores materiais

O indivíduo do elemento Terra

Signos zodiacais: *Capricórnio, Touro, Virgem*

Elemento: Terra
Inglês: *Pentacle, Coin, Denier*
Cartas de baralho: Ouros, sinos
Outros nomes: Pentáculos, estrelas (da sorte), alvos

Associações: O mundo material, sucesso; corpo, desejos sensuais: dar e receber; heranças.

A moeda, o mundo concentrado, personificado.

O Elemento Terra

Associamos ao elemento Terra tanto o solo fértil como os alicerces sólidos. No âmbito humano, trata-se do corpo físico. A Terra é o elemento mais palpável e firme. Dessa imagem exemplar tiramos as características do elemento Terra: o amor à natureza, ao solo fértil e às habilidades práticas de lidar com a terra como a do camponês, a do jardineiro etc., ou a relação do proprietário com seu território. Em uma interpretação mais ampla, a estabilidade do indivíduo de Terra, que pode tornar-se rigidez; seu sentido excepcional para os valores de duração e continuidade, que o fazem às vezes parecer confiável e outras incorrigível. Sua predileção pelo que denomina "verdadeiros valores", justamente os bens palpáveis, torna-o especialmente favorável ao valor concentrado na forma de dinheiro. Como antes de tudo sente que é uma criatura material, sua capacidade para experiências sensoriais é cultivada ao máximo.

Exceder-se nesse âmbito das tentações parece corresponder ao seu lado escuro: o materialista, o libertino. Quando se dedica excessivamente a juntar bens materiais, acaba arriscando-se a tornar-se seu escravo, o triste trabalhador forçado, o usurário impiedoso, o novo rico encarniçado. No entanto, ao se submeter à tentação de priorizar a sensorialidade acima de tudo, rapidamente escorrega para a posição de um ávido preguiçoso, do tipo de Charles Bukowski, ou também para a de um teimoso gozador e fútil à la Oblomov. Não por último, sua típica maneira de pensar faz com que ele se torne um oportunista fanático, um perfeccionista, um misantropo.

O pronunciado senso de realidade deixa ao indivíduo de Terra "o ato e suas consequências" como única medida de valor, como único critério para o julgamento de um ser humano. Não são relevantes para esses indivíduos com ênfase em Terra nem a (boa) intenção nem a ideia ou o sentimento, mas apenas aquilo que de fato foi feito. Por isso, as mãos são o meio de expressão preferido pelos nativos de Terra e o critério julgador é a ação. Em consequência, seu modo de pensar é muito realista. Ele não se interessa pelos conceitos da lógica, mas sim pelas ciências comprováveis e pelo empirismo. É o pragmático que se orienta pelo mundo da realidade e se concentra no âmbito das realizações. Teorias "elevadas" não têm valor para ele se não houver suficiente correspondência com a realidade. Seu modo de tomar decisões não se baseia, portanto, em certo ou errado, mas muito mais em "útil ou inútil", utilizável e imprestável, "prático ou impraticável".

No amor e na vida em comum, esse indivíduo é fiel e confiável, mas é orientado fisicamente. A melhor prova para um relacionamento perfeito é a presença física, o fato de poder tocar no parceiro. Um relacionamento duradouro à distância parece impossível de ser mantido.

Quando uma pessoa de Terra faz uma retrospectiva da sua vida, faz a si mesma a pergunta: "O que fiz, o que concretizei?".

Rei de Ouros

O Rei de Ouros está sentado – ao contrário dos outros reis – à vontade, quase preguiçosamente no seu trono, enfeitado com quatro cabeças de boi, símbolo do elemento Terra. Seu manto está repleto de uvas que representam o lado doce da vida (agradável) e que simbolizam sua capacidade de se expressar desfrutando da experiência sensorial da vida em largos sorvos. Elas lembram o deus grego do vinho, Dionísio, cujo modo de vida e cujas festas por certo lhe dão prazer. O Rei de Ouros carrega o mesmo cetro que a Imperatriz (III) e tanto sua ligação com a natureza como com a abundância vista na carta apontam sua relação com a prosperidade. As cores pronunciadas da carta expressam a relação com a realidade e o modo como aponta para a moeda indica claramente seu amor pelos valores palpáveis, materiais.

Outros nomes e imagens para facilitar a interpretação:
O rei da realidade, o rei da ação, o rei dos prazeres, o rei sensual; o gozador, o pai, o patriarca; Creso, Dionísio, o rei dos camponeses; o xamã.

Qualidades: Senso de realidade, habilidades práticas; naturalismo; inteligência pragmática, terrena, sensual, aproveitadora, confiável, fiel.

Sombra: O usurário, o materialista, o preguiçoso, o vagabundo, o libertino; o realista, o comilão, o gordo e imóvel, o balofo; o teimoso, o obstinado, o inaconselhável, o corrupto.

Profissões típicas: Fazendeiro, jardineiro, guarda florestal, banqueiro, negociante, corretor de imóveis, taberneiro, protetor do meio ambiente, historicista.

Interpretação tradicional: Como pessoa: homem maduro, compreensivo, bondoso, amigável, realista, trabalhador, bem-sucedido, rico, amável. Negociante, mestre, professor, chefe, conselheiro.

Como acontecimento: habilidade, sucesso.

Carta invertida: Como pessoa: pai controlador, tirano; o velho maldoso.

Como acontecimento: encargo, corrupção, perversidade.

Rainha de Ouros

Esta Rainha é a Mãe Terra, a mulher prática, realista, calorosa, sensual. A guirlanda de rosas vermelhas sobre ela é o símbolo do amor de Deus. Tal como no Rei de Ouros, a imagem mostra abundância, fertilidade e sensualidade. O coelho em primeiro plano indica desde a Antiguidade grande fecundidade; a cabeça de cabra no encosto do seu trono alude ao deus das cabras, Pã, o deus dos pastores; também indica o deus que se parece com ele, o deus do vinho, Dionísio, que em sua juventude foi transformado num cabritinho por Zeus. Juntos, ambos representam a ligação com a natureza e a satisfação dos sentidos. Enquanto Pã se destaca mais por sua preguiça indizível, Dionísio se faz lembrar por meio de suas festas embriagadoras, orgiásticas. Essas são as predileções também dos indivíduos com ênfase no elemento Terra.

Outros nomes e imagens para facilitar a interpretação:
A rainha da ação, a rainha da realidade, a rainha materialista, a rainha sensual. A rainha da fertilidade, da semeadura e da colheita.

Qualidades: A realista, a mãe. Habilidade, esforço, confiabilidade, calor humano e criatividade.

Sombra: Preguiça, cobiça. Realismo, corrupção, estupidez; coação, vigorosa e firme.

Profissões típicas: Veja Rei de Ouros.

Interpretação tradicional: Como pessoa: mulher madura, experiente, bondosa, estável, séria, sensual, respeitável, misteriosa, incompreendida, de boa índole, rica.
Como acontecimento: excesso, segurança, presentes, casamento.

Carta invertida: Como pessoa: mulher duvidosa, má e teimosa.
Como acontecimento: traição, desconfiança, inibição, doença.

Cavaleiro de Ouros

O cavalo preto firmemente enraizado no solo por si só já representa algo quase imóvel. O Cavaleiro está firme na sela. Diante dele, um fértil campo para o cultivo.

Sugestão para interpretação: A disposição representada por esta carta é basicamente sólida. Trata-se de uma atmosfera de confiabilidade, de estabilidade, de determinação, mas também de sensorialidade. É a disposição em que de fato se realiza algo, em que se age.

Sombra: Estúpida posição de recusa; teimosia, posição inibidora do desenvolvimento; disposição fleumática e preguiçosa; atmosfera estagnada, fria.

Interpretação tradicional: Como pessoa: homem jovem, realista, materialista, lento mas persistente, útil, relaxado, esforçado, metódico.

Como acontecimento: sorte nos negócios, no jogo; responsabilidade, correção, utilidade.

Carta invertida: Como pessoa: um homem virtuoso, mas sem trabalho.

Como acontecimento: indolência, vaidade, preguiça, falta de coragem, imprudência.

Valete de Ouros

Também o Valete de Ouros representa uma paisagem fértil. Ele segura a moeda como um presente que quer ofertar.

Sugestão para interpretação: Quando entendemos valetes como oportunidades que nos são oferecidas de fora, então o Valete de Ouros é que nos traz mais chances de ganhar dinheiro. Além disso, existe a chance de realizar alguma coisa, de negociar e de sentir o significado da realidade, ou também uma chance que se deveria aproveitar.

Sombra: Uma oportunidade que é antes uma tentação: quando se tenta corromper com dinheiro; quando somos levados, por oferta de dinheiro, a sermos infiéis aos nossos princípios. Uma tentação de nos entregarmos demasiadamente ao gozo da vida.

Interpretação tradicional: Como pessoa: mulher jovem/criança; amável, prestimosa, cuidadosa, ansiosa por aprender.

Como acontecimento: labor, estudo, novidades.

Carta invertida: Como pessoa: desordeira, superexigente, confusa, irracional, irrealista.

Como acontecimento: maneira errada de lidar com o dinheiro, dívidas não pagas, desperdício; más notícias, degradação.

Dez de Ouros

Um homem, uma mulher e uma criança estão sob o arco que dá acesso a uma propriedade. Apenas dois cães parecem tomar conhecimento do homem idoso em primeiro plano. A cena lembra a volta de Ulisses que, primeiro, só é reconhecido pelo seu fiel cão Argo e que recebera sua túnica da deusa Atena.

As dez moedas estão organizadas na forma da árvore cabalística da vida. A carta, que simboliza predominantemente a segurança social e familiar tem, em última análise, com a plenitude dos seus símbolos misteriosos, um âmbito mais profundo que indica tanto a riqueza interior como as várias oportunidades do nosso dia a dia, das quais muitas vezes não tomamos conhecimento. A estabilidade no sentido econômico, que também é simbolizada por essa carta, cria certa relação com o Imperador (IV).

Interpretação tradicional: Sucesso, certeza de ter construído sobre bons alicerces. Aumento de riqueza, bons negócios; segurança familiar e financeira.

Carta invertida: Perda, roubo, golpe do destino, jogos de azar.

Nove de Ouros

Uma mulher está no meio de um jardim, cercada por cachos de uva, símbolo da vida agradável, doce. Sua mão direita apoia um cacho de uvas e toca uma moeda: ela sabe valorizar os lados agradáveis do bem-estar. Na luva da mão esquerda vê-se um falcão de caça. O capuz da ave lhe permite apenas abocanhar a presa, mas não devorá-la. O falcão é o símbolo da caça à felicidade, bem como símbolo do bem-estar. Ambos são temas desta carta. Em oposição a estes está o caracol no primeiro plano, representando o místico em retiro, a interiorização, a renúncia do mundo exterior. A riqueza interior é, portanto, o significado mais profundo desta carta.

A riqueza da vida lembra a Imperatriz (III); a reflexão sobre os valores interiores lembra o Eremita (IX); a descoberta do reino interior pode ser a redenção na carta do Julgamento (XX).

Interpretação tradicional: Luxo, perfeição, sorte financeira; trabalho bem pago, sucesso; um sonho desejado se realiza; esperteza, inteligência.

Carta invertida: Indecência, ilusão, planos vazios, ameaça.

Oito de Ouros

A figura mostra um homem jovem que, alegremente, cunha moedas e as pendura com orgulho na parede. Segundo Waite, trata-se de um aprendiz que mais tarde, como oficial (3 de moedas), terá de cumprir uma tarefa. Aqui o tema é aprender habilidades. A carta lembra o ditado "cada qual forja a própria felicidade", que reproduz bem o seu tema.

A despreocupação e a atividade conseguem criar certa relação com o Sol (XIX); o início se assemelha ao significado da partida inerente ao Carro (VII).

Interpretação tradicional: Traição, riscos financeiros.

Interpretação de Waite: Trabalho, aprendizado, habilidade, estágio inicial, "cada qual forja a própria felicidade".

Carta invertida: Ambição sem conteúdo, criação de intrigas, extorsão; trabalho malfeito por falta de concentração.

Sete de Ouros

A carta mostra um homem jovem que, apoiado em um bastão, observa o crescimento de um arbusto. A paciência de poder e dever aguardar até as coisas ficarem maduras é o tema central desta carta. Além disso, ela mostra que um desenvolvimento chegou até certo ponto, que é revelado aqui, a partir do qual ele se torna independente.

O crescimento aqui mostrado lembra por sua vez a Imperatriz (III), a paciência que precisa ser mantida é alcançada da forma mais fácil com a descontração da Temperança (XIV).

Interpretação tradicional: Época de amadurecimento, de paciência; aumento da riqueza, sucesso nos negócios, recompensa pelo trabalho.

Carta invertida: Cuidado com negócios financeiros: desperdício de energia.

Seis de Ouros

Um negociante dá dinheiro a dois necessitados. Na sua mão direita ele segura uma balança. Em primeiro lugar, essa imagem representa a condescendência – também em sentido figurado, como tolerância.

Mas, além disso, trata-se do relacionamento de três seres humanos, em que um deles está em situação privilegiada em relação aos outros dois.

A balança do negociante mostra que o seu ato de dar é equilibrado. Portanto, ele não dá de acordo com a sua disposição; também não dá tanto quanto os pedintes desejam, mas de maneira pensada e justa. Os outros dois também aceitam a esmola de bom grado, sem problemas. Assim, essa carta representa o líder espiritual que não exige nem demais nem de menos dos seus seguidores e toca desse modo o tema tríplice do Hierofante (V). Em campo mais elevado, ela representa a vida, que cuida de nós e nos dá exatamente o quanto podemos suportar. Esse aspecto lembra a sabedoria da Estrela (XVII).

Interpretação tradicional: Cuidado ao lidar com dinheiro. Nada de especulações!

Interpretação de Waite: Liberalidade, tolerância, prestimosidade, recompensa, receber proteção.

Carta invertida: Cobiça, inveja, ciúme; modo errado de lidar com dinheiro; dívidas não pagas.

Cinco de Ouros

Como no caso do Seis de Ouros, vemos dois pedintes, que estão visivelmente em péssima situação. Andam na tempestade de neve e passam pela janela iluminada de uma igreja. A pobreza material mostrada na carta é apenas parte do seu aspecto. Nessa analogia, o Cinco de Ouros muitas vezes é interpretado "apenas" como preocupações materiais, o que se mostra insuficiente. Seu significado mais amplo mostra que, apesar da rudeza, os homens são solidários. A organização das 5 moedas corresponde ao símbolo dos 7 chakras, os centros energéticos do nosso corpo, e faz menção, portanto, às fortes energias que unem os dois homens na situação de necessidade e que podem, por exemplo, provir do seu íntimo.

O aspecto do medo e da preocupação corresponde de certa maneira à Lua (XVIII); a temática subjacente do amor é uma forma dos Enamorados (VI). As indicações contraditórias de interpretação dessa carta não podem ser harmonizadas. A interpretação correta precisa ser captada em cada caso específico.

Interpretação tradicional: Medo, abandono, azar (no amor e no setor financeiro); sofrimento, necessidade; traição, falência, dependência financeira; precisar e buscar ajuda; porém ainda: amor e simpatia.

Carta invertida: Perturbação, caos, destruição.

Quatro de Ouros

O modo como este homem exibe suas moedas apresenta um duplo aspecto. Por um lado, ele está orgulhoso do que tem e gosta de exibí-las. Por outro, apega-se ao seu tesouro de um modo que o deixa imóvel. A fim de viver outra vez ele teria de aprender a desapegar-se. Esse tema da estagnação tem uma semelhança com o lado escuro do Imperador (IV). Se não aprender a mudar de atitude por si mesmo, podemos presumir que seu caminho, cedo ou tarde, o levará à Morte (XIII) ou à Torre (XVI).

Interpretação tradicional: Cobiça, apego aos bens, segurança material; sentir-se intimamente empurrado para a frente, esquecer-se de algo essencial relativo à situação financeira.

Carta invertida: Hesitações, resistências, perda de dinheiro.

Três de Ouros

As cores escuras desta carta levam facilmente à confusão, visto que seu tema não é nem um pouco deprimente. Ela mostra um escultor, cujo trabalho no mosteiro é observado por um monge e por uma mulher velada. Dos dois triângulos acima da coluna, o que está com a ponta voltada para cima é visivelmente maior do que o de baixo. A luta pelo que é elevado domina, sem que se perca a relação com a Terra (abaixo). Aqui se trata de alcançar novas qualificações, provas, e uma estrutura que resulte em sucesso. O tema das provas lembra de fato a Prova, o Enforcado (XII), mas é de qualidade bem diferente. A carta é, de preferência, um caminho para a maestria do Mago (I).

Interpretação tradicional: Autorrealização, desenvolvimento de talentos, confiança, dinheiro e aparência, obra de uma vida; exigências, satisfação íntima, o fim das dificuldades; trabalho, sucesso, reconhecimento; habilidade.

Carta invertida: Mediocridade, mesquinharia, desorientação.

Dois de Ouros

Um malabarista faz duas moedas dançarem numa fita sem fim. Tal como nos navios em segundo plano, indica-se com elas o eterno sobe e desce com que o malabarista sabe lidar brincando. A carta também diz respeito à avaliação e à decisão. Tudo isso acontece em forma de brincadeira, muitas vezes com certeza jogando-se uma moeda para o ar. De certa maneira representa-se aqui a sabedoria do Louco (0), a maestria inconscientemente vivida pelo Mago (I) e a Força (XI). A lemniscata que vemos sobre a cabeça dos dois está aqui no âmbito intermediário (inconsciente). O sobe e desce lembra a eterna circulação da Roda da Fortuna (X).

Interpretação tradicional: Desonra, promessas não cumpridas, bagatelas, modificações.

Interpretação de Waite: Lidar com os problemas de maneira descontraída; alegria, novidades, esforços necessários a fim de adquirir o equilíbrio.

Carta invertida: Alegria fingida, troca de correspondência, instabilidade, inconstância.

Ás de Ouros

A mão envolta em raios do Criador segura uma moeda. Sob ela crescem lírios numa planície, símbolos da pureza espiritual. No prado, um caminho dourado conduz a um portal no roseiral, cujo pano de fundo é constituído por montanhas. Esse é o caminho dourado do conhecimento superior.

Como em cada série, o Ás representa uma chance que nos é apresentada e que devemos aproveitar. Trata-se aqui, por certo, da oportunidade de "criar a própria felicidade", no sentido de uma vantagem financeira, mas também de reconhecer o significado mais profundo da riqueza interior. A primeira chance é um aspecto parcial da Roda da Fortuna (X), a última nos leva de encontro à descoberta do significado da bênção do Hierofante (V).

Interpretação tradicional: A grande sorte (no amor e nas finanças); recompensa, grande alegria, harmonia, saúde, fecundidade.

Carta invertida: O lado mau do dinheiro; pobreza espiritual.

Copas

Copas = o Amor e a Felicidade

O indivíduo do elemento Água

Signos zodiacais: Câncer, Escorpião, Peixes

Elemento: Água
Inglês: *Cup*
Carta do baralho: Copas, taças
Outros nomes: Púcaro

Associações: Sentimentos, intuição, calor, prestimosidade; fantasia, amor, sexo, casamento; filhos, relacionamentos.

O Elemento Água

A Água é o elemento que liga o todo com cada um; todo movimento é continuado até o infinito; todas as direções são possíveis, visto não haver pontos fixos de referência que possibilitem um direcionamento claro. A água pode ter uma profundidade assustadora ou fascinante, ora suave e amigável, ora com uma fúria de arrasar diques, revelando o seu terrível lado destrutivo. A Água é o elemento que reage de modo mais sensível às forças lunares.

No âmbito humano, corresponde ao nosso mundo dos sentimentos, dos anseios, dos desejos, das esperanças, dos sonhos e das fantasias, enfim, todos os âmbitos que fogem do controle da inteligência (Ar), que não se deixam limitar (Terra) mas que também não podem ser dirigidos pela nossa vontade (Fogo). O sonho nos leva a um mundo em que há leis próprias.

Um indivíduo com ênfase no elemento Água pode parecer um sonhador, um sujeito que tende às fantasias, mais do que um homem brando, condescendente, que como no sonho pode aceitar uma multiplicidade de "sentimentos pessoais" sem nunca decidir-se por uma forma.

Com isso, temos diante de nós os românticos da vida, os artistas dotados de fantasia que, da plenitude de seus devaneios, conseguem trazer magicamente à luz obras de arte. Por outro lado, também temos o ouvinte solidário, o terapeuta, que como ninguém mais consegue imaginar-se na situação do outro.

Disso se deduz que o lado escuro do indivíduo do elemento Água também se encontra nesse ambiente. O sonhador e o ilusionista que se recusam a encarar a realidade, realidade que sempre conseguem tornar tão pouco plausível quanto desejam, quanto podem suportar, por meio de sua valoração. O camaleão que não desenvolve nenhum sentido definido de individualidade, mas que em vez disso representa qualquer papel desejado e que considera como seu verdadeiro Eu. Uma individualidade que é uma soma das expectativas dos demais é o resultado frequente.

O modo de pensar no elemento Água é predominantemente acentuado pelo sentimento e muitas vezes orientado por quimeras. Os indivíduos de Ar, cujo raciocínio é sóbrio, lidam com o indivíduo de Água como se estivessem lidando com a forma mais crassa de falta de lógica, uma vez que os rumos do raciocínio dos indivíduos de Água não podem ser acompanhados muito bem pelos observadores externos. O próprio nativo de Água o denomina de lógica intuitiva, um mundo em que os resultados não têm uma conclusão obrigatória – o que, como nos sonhos, permite inúmeras possibilidades. A pessoa de Água está acostumada a adivinhar ou a intuir as correspondências e consequências em vez de calculá-las. Seu tipo de diferenciação não é feito por meio do critério de "certo e errado", mas antes usando o "provável e o improvável", ou respectivamente o "agradável e o desagradável". Acontece muitas vezes de esse raciocínio inusitado e inconvencional levar a conhecimentos surpreendentes e valiosos para a comunidade, visto que não se prende a regulamentos, mas percorre rumos que os outros pensadores excluíram desde o início como imprestáveis ou sem esperança.

No amor, o nativo de Água é romântico e sua ênfase cai no sentimentalismo. Anseios, paixões, grande capacidade de entrega e de fusão com o outro são as características principais dos relacionamentos aquáticos. Esse indivíduo sabe como ninguém a melhor maneira de manter vivo um relacionamento, mesmo que a pessoa esteja a milhares de quilômetros de distância, enquanto sentir que o amor entre ambos continua existindo.

Quando o indivíduo com forte ênfase em Água faz uma retrospectiva de sua vida, pergunta a si mesmo: "O que senti, o que sofri?".

"Dentre as pessoas de todos os elementos, o sábio deveria escolher para mestre um nativo de Água. A água cede, mas conquista tudo. A água apaga o fogo ou, quando sente a ameaça de ser vencida, foge em forma de vapor e torna a se formar. A água lava a terra mole da superfície e, quando bate num rochedo, sempre busca um caminho para dar a volta e continuar. Refresca a atmosfera, acalmando o vento; cede aos impedimentos, mas sua humildade é ilusória, pois não existe poder que impeça seu caminho para chegar ao mar. A água conquista ao ceder; nunca ataca, mas sempre vence a última batalha."

JOHN BLOFELD, *Das Rad des Lebens*
[A Roda da Vida]

Rei de Copas

Seu trono está sobre água ondulante, o elemento que rege. O cetro na mão esquerda, signo do poder, se parece com uma taça com a boca virada para cima. Isso indica a disposição de se abrir para experiências, impressões e sentimentos, mas também a posição de expectativa, mais passiva. Em volta do pescoço traz um amuleto em forma de peixe, símbolo do seu elemento. A túnica azul representa a força intuitiva; a capa dourada, seus nobres objetivos.

O trono, que o mantém na superfície da água, mostra que ele não mais está sujeito à confusão de estímulos emocionais, de desejos e anseios, mas que ele sente o âmbito das forças inconscientes em segurança sob o seu domínio. O peixe que salta em segundo plano simboliza a vivacidade dessa força que sempre está à sua disposição.

Este é o Rei sentimental, romântico, que se deixa conduzir pela intuição do momento.

Outros nomes e imagens para facilitar a interpretação:
O rei dos sentimentos, da intuição; o rei amante, o rei romântico, o rei solidário, o rei prestimoso; o místico, o samaritano, Luís II.

Qualidades: Capacidade de adaptação; compaixão, disposição para ajudar, preocupação com os demais; sabedoria, imaginação, mediunidade, amabilidade, bondade.

Sombra: Corruptibilidade, falsidade, instabilidade; falta do estabelecimento de limites; influenciabilidade, incorreção.

Profissões típicas: Médico, terapeuta, pregador de almas; artista, músico, cineasta, literato, parapsicólogo.

Interpretação tradicional: Como pessoa: homem maduro, bem-intencionado, sentimental, caloroso, quente, bondoso, prestativo, artístico; terno, maduro, liberal, influente, bom parceiro no amor, prestativo.

Como acontecimento: favores, bom conselho.

Carta invertida: Como pessoa: homem influenciável, incorreto; tóxico, maldoso, injusto, enredador, charlatão.

Como acontecimento: escândalo, perda considerável.

Rainha de Copas

Seu trono está no chão; no entanto, ela tem os pés dentro da água. Com isso, ela estabelece a importante ligação entre a terra e a água; a terra dá estabilidade à água, a água torna a terra fértil. O trono é enfeitado com sereias do mar, que também estabelecem a ligação. A roupa azul indica as energias intuitivas, com as quais ela observa visões dentro da taça. A forma sagrada da taça pode ser uma indicação do Santo Graal que pertence à temática das taças.

Outros nomes e imagens para facilitar a interpretação:

A rainha dos sentimentos, a rainha mediúnica, a rainha amorosa e boa, a artista, a médium, a curadora.

Qualidades: Prestimosidade, intuição correta, capacidade de solidariedade; mediunidade, sabedoria; sonhadora, romântica.

Sombra: Circe. Maldade, falsidade, sedução, incorreção, instabilidade, caos.

Profissões típicas: Veja Rei de Copas.

Interpretação tradicional: Como pessoa: sentimental, sensível, amorosa, boa, dedicada, sonhadora, prestimosa, romântica, receptiva, musical; mulher madura, mãe, dona de casa, esposa perfeita.
Como acontecimento: sucesso, sorte, alegria, sabedoria.

Carta invertida: Como pessoa: mulher inconfiável, falsa, maldosa, temperamental; encantadora, inquietante; aquela que vive a tecer castelos no ar.
Como acontecimento: encargo, infidelidade.

Cavaleiro de Copas

Ele cavalga com dignidade um cavalo branco, como se quisesse dar a taça de presente de maneira festiva. Incrustados em sua armadura há peixes, símbolo do elemento. As asas no elmo e nos sapatos lembram Hermes, o mensageiro dos deuses. Mas não devem ser entendidas no sentido de que tenham necessariamente virtude em sua tarefa. Esta carta muitas vezes é interpretada como a dos "Enamorados (VI)".

Sugestão para interpretação: Se compreendermos o cavaleiro como a disposição ou o ambiente em que acontece algo, então ele simboliza o ambiente repleto de sentimento, de amor e a boa disposição, a harmonia e o bom humor.

Sombra: Um estado de humor em que a pessoa se deixa enredar, seduzir, ou para o qual é atraída mesmo se entrar em choque com seus princípios, na medida em que se entrega às ilusões ou foge para o mundo dos sonhos. Trata-se de uma atmosfera de falsidade.

Interpretação tradicional: Como pessoa: homem jovem; compreensivo, caloroso, fiel, carinhoso. O cavaleiro do coração, amigo leal ou amante (secreto), o trovador.

Como acontecimento: excitação, sugestão, convite, progresso, novo amor.

Carta invertida: Embustes, duplo significado, traição, ardil, irregularidade.

Valete de Copas

O Valete de Copas tem traços ligeiramente afeminados, que correspondem à ternura do elemento água. Da sua taça, um peixe espia para fora, símbolo da profundidade misteriosa do nosso mundo sentimental e onírico.

Sugestão para interpretação: O Valete de Copas traz uma chance que corresponde aos nossos sentimentos, uma oferta amável, a oportunidade de nos apaixonarmos; uma proposta de paz.

Sombra: A mencionada oferta amorosa é uma ilusão, uma bolha de sabão.

Interpretação tradicional: Como pessoa: artista, mulher jovem, criança. Ênfase no sentimento; pessoa sensível, tímida, quieta, passional, espontânea, alegre, prestimosa.

Como acontecimento: novidades, meditação, amor infeliz, desenvolvimento de suas aptidões.

Carta invertida: Como pessoa: como acima, mas mais para sensível, preguiçosa.

Como acontecimento: sedução, ilusão, ardil, erro (no campo amoroso), impedimentos.

Dez de Copas

As 10 taças aparecem no arco-íris, o símbolo da reconciliação divina. Enquanto as crianças não tomam conhecimento dessa imagem, mas estão igualmente felizes na sua inocência, o casal vê o acontecimento com grande alegria. O tema do amor e da harmonia expresso por essa carta mostra uma ligação com a dos Enamorados (VI) e a da Temperança (XIV).

Interpretação tradicional: Amizade importante, amor; estar em casa; satisfação, alegria profunda; harmonia, salvação.

Carta invertida: Aborrecimento, violência, desentendimentos, fingimento.

Nove de Copas

A apresentação é um tanto confusa, pois talvez a nossa primeira impressão seja a de que o homem está sentado diante de uma cortina sobre a qual há taças e por trás da qual talvez se esconda algo misterioso. Segundo Waite, trata-se de uma mesa e as taças estão repletas de vinho precioso. O homem bom festejou segundo a vontade do seu coração. Assim, a carta representa uma época de gozo e de alegria e se relaciona, portanto, com o Mundo (XXI).

Interpretação tradicional: Satisfação, uma época muito boa; felicidade doméstica; desagravo, confiança, gravidez, recompensa pelo trabalho; saúde.

Carta invertida: Fidelidade, liberdade, autossatisfação, aumento de peso.

Oito de Copas

A roupa vermelha do homem nos faz concluir que se trata aqui de uma determinada partida, que ele sai voluntariamente e deixa para trás algo valioso e querido. A Lua mostra que se trata de uma partida para o desconhecido. O quarto minguante significa o medo que acompanha o viajante. Quando esta carta indica o final de um relacionamento, está claramente explicado que é o próprio consulente que vai embora, que não está sendo abandonado. Seja como for, trata-se de uma partida com o coração amargurado. O lado do medo e da insegurança tem relação com a Lua (XVIII), a partida, mesmo que a disposição seja totalmente diferente, com o Carro (VII).

Interpretação tradicional: Perda, desilusão dolorosa, tormento, separação; amor não correspondido, melancolia, depressão psíquica, renúncia. Algo significativo, supostamente importante, fracassa.

Carta invertida: Grande alegria, sorte, respectivamente a busca da felicidade.

Sete de Copas

Um homem nas sombras cria magicamente ou tem a visão de taças com conteúdos inusitados: uma cabeça de mulher (luz astral e vida espiritual), uma forma envolta em raios escondida sob um pano (o *Self* oculto), uma serpente (energia e força), um castelo (proteção e salvação), ouro e pedras preciosas (a alma), uma coroa de louros sobre uma taça com uma caveira (vitória) e um monstro (agressividade e luta). Visão ou ilusão são as duas interpretações possíveis com as quais a carta corresponde à Sacerdotisa (II) ou à Lua (XVIII). Muitas vezes, ela apenas mostra a Fada Morgana.

Interpretação tradicional: Forças inconscientes auxiliares; amor correspondido, felicidade.

Interpretação de Waite: Visão, provavelmente também ilusão, fantasia, sensibilidade aprimorada, ajuda inesperada; no entanto, tudo isso sem duração. Concentre-se num objetivo a fim de ter sucesso.

Carta invertida: Anseios, fuga à realidade; êxtase, desejo.

Seis de Copas

Waite descreve este tema como "crianças num velho jardim". Trata-se de uma atmosfera de conto de fadas. As imagens dos nossos sonhos e do nosso passado despertam. A carta indica os dias da nossa infância ou outras épocas em que tudo foi "muito simples". Portanto, a carta também tem um caráter nostálgico. As flores que crescem nas taças mostram a beleza, que faz brotar o amor do solo fértil. O tema da alegria despreocupada de viver, da alegria infantil com a vida, corresponde à alegria vista em o Sol (XIX).

Interpretação tradicional: Triste olhar retrospectivo ou ficar para trás, perder-se no passado; separação definitiva.

Interpretação de Waite: Nostalgia, alegria com as lembranças; amor inocente, memórias de uma época feliz.

Carta invertida: Tradicional: herança, retorno a velhos relacionamentos. Waite: renovação.

Cinco de Copas

A figura vestida de preto olha desgostosa para as três taças derrubadas, sem prestar atenção às duas que estão atrás. Trata-se do sofrimento por algo que se quebrou, a depressão do abandono, em que a proximidade de dois amigos prestimosos (as 2 taças de pé) não é corretamente percebida. O rio indica o fluxo corrente dos acontecimentos que, por um lado, traz as experiências necessárias de sofrimento, e, por outro, faz com que essas fases de dor sejam passageiras. A ponte e o castelo protetor, em segundo plano, indicam uma saída dessa situação. Contudo, a linha limítrofe escura no chão parece ser de natureza espiritual, visto que não pertence à paisagem. Trata-se da agonia em que ficamos presos no desgosto, em vez de ousarmos dar o passo libertador para fora. O tema do abandono corresponde ao lado depressivo do Eremita (IX). O constante fluxo de acontecimentos que essa experiência traz consigo tem certa correspondência com a Roda da Fortuna (X). A sensação de não poder libertar-se da situação é um dos aspectos do Enforcado (XII).

Interpretação tradicional: Separação e lágrimas, dor e remorso; ciúme; herança; conversa fiada; perdas, desespero, desilusão, amargura.

Carta invertida: Novidades, novos relacionamentos, planos ilusórios.

Quatro de Copas

Desejos e paixões morrem ao se realizarem. Em nenhum outro elemento, falta ou excesso acontecem tão depressa como no âmbito aquático. O 4, por si um número de âmbito estável, é algo desagradável para a vida anímica. Assim, o homem olha de mau humor para as 3 taças que estão diante dele e está tão amargurado que não vê a 4ª taça, não vê a oportunidade que chega de maneira inesperada. O tédio é um tema oposto ao da Força (XI); a depressão é o polo oposto da harmonia da Temperança (XIV).

Interpretação tradicional: Queda, relacionamentos estáveis, satisfação; sobriedade, estagnação, autossatisfação; perda de oportunidades.

Interpretação de Waite: Fastio, oposição, antipatia, alegria confusa; descanso sobre os louros da vitória; não ver uma solução facilmente alcançável ou não a aceitar; preocupações imaginárias.

Carta invertida: Novidades, novos relacionamentos; deixar passar uma oportunidade.

Três de Copas

As 3 mulheres a dançar são oportunamente postas em contato com as 3 Nornas, as deusas germânicas do destino, ou com as 3 Graças, expressão tríplice da deusa do amor, Afrodite. As flores e os frutos com que estão enfeitadas e colocadas ao seu redor representam a dança para agradecer a colheita.

Portanto, esta carta também significa a conclusão alegre e bem-sucedida de uma circunstância e, assim, tem correlação com o Mundo (XXI) graças à disposição e à temática semelhantes.

Interpretação tradicional: Sorte (no amor); alegria, harmonia em abundância, bem-estar; recuperação, generosidade, final feliz.

Carta invertida: Excesso de prazer; fim, cobiça.

Dois de Copas

Esta carta, que simboliza "amor" e "apaixonar-se", mostra a força que existe no relacionamento amoroso. O caduceu, o bastão heráldico de Hermes, em que se enroscam duas serpentes, é o símbolo da força despertada da serpente, a energia cósmica kundalini. A cabeça de leão, acima, mostra a paixão, a energia sexual, ambas aladas.

A temática do amor corresponde à dos Enamorados (VI); a paixão despertada é um dos temas da Força (XI).

Interpretação tradicional: Inimizade, falatório, separação ou encontro.

Interpretação de Waite: Amor, apaixonar-se; amizades, união, paixão.

Carta invertida: Paixões, desilusões, separação, conflito de interesses.

Ás de Copas

A mão iluminada do Criador serve a taça (a aceitação do sangue de Cristo), sobre a qual se encontra a pomba (o Espírito Santo), que coloca uma hóstia com uma cruz (o corpo de Cristo) na taça. Embora cinco jatos jorrem da taça, Waite refere-se a apenas 4, que corresponderiam aos quatro rios do paraíso. O orvalho (graça divina) cai na água a partir da taça. As 26 gotas de orvalho podem representar o valor numérico de JHVH, nome de Deus (jod = 10, he = 5, vau = 6, he = 5). Na água crescem ninfeias, símbolo da pureza espiritual. A letra "W" na taça seria a inicial de Waite. A ilustração nos mostra o Santo Graal, a insígnia dos celtas, o mistério da força, com o qual o rei Artur mantinha seu reino unido. Quando Artur rompeu o juramento que havia feito à antiga fé, o Graal desapareceu e seu reino se desintegrou. A tradição cristã abordou esse tema. A taça é o símbolo da graça divina, da misericórdia e do perdão. A busca pelo Graal simboliza a busca pela iluminação divina, pela salvação de nossos conflitos internos e, por conseguinte, pelo estado agraciado com uma profunda paz interior, harmonia e segurança. A mais elevada carta da sorte dos Arcanos Menores tem correspondências com quase todos os trunfos dos Arcanos Maiores e, portanto, dispensa apresentações.

Interpretação tradicional: O grande amor, profunda felicidade, harmonia, abundância, alegria, beleza, satisfação, fertilidade.

Carta invertida: Vulnerabilidade, falsidade, instabilidade.

3

Métodos de Tiragem das Cartas

Indicações para o Usuário

Como Embaralhar e Tirar as Cartas

Nos sistemas subsequentes de tiragem das cartas, também incluí as diferentes regras para embaralhá-las. Elas tanto podem ser misturadas pelo intérprete como pelo consulente e, depois de cortadas, tanto podem ser tiradas "de cima" ou "de baixo", uma por uma, do monte de cartas. Em seguida, são espalhadas. Tanto o intérprete como o consulente podem fazer isso, indiferentemente, contanto que trabalhem com a mão esquerda, pegando as cartas uma por uma e espalhando-as sobre a mesa em forma de leque, com a face virada para baixo. Pessoalmente, prefiro o último método.

Como Tirar as Cartas para Si Mesmo

Naturalmente, também se pode tirar as cartas para si mesmo. A maior dificuldade nesse caso está no próprio embaraço de fazer com que a apresentação dos desejos pessoais corresponda à pergunta ou à curiosidade criada pela própria pergunta. Para anular tanto quanto possível esses fatores de perturbação, há alguns métodos auxiliares que, claro, são muito úteis quando tiramos as cartas também para outras pessoas.

Se você estiver tenso, nervoso ou desesperado e quiser saber exatamente agora como continuará a situação que o colocou nesse estado, talvez seja de fato melhor pedir para um amigo tirar as cartas para você. Se isso não for possível, pratique primeiro alguns exercícios de Yoga para relaxamento, ou tente a meditação, que podem deixá-lo menos tenso. Se puder fazer sua pergunta com toda a despreocupação e sem ater-se a esperanças profundamente arraigadas, tire das cartas dispostas em leque somente aquelas necessárias para o método que escolheu e coloque-as primeiro com a face voltada para baixo em seus lugares (!). Só quando todas as cartas estiverem colocadas, vire uma por uma e observe cada uma delas a fim de abstrair a quintessência. Restrinja-se estritamente ao significado das cartas e das posições no método de tiragem que você escolheu, sem a obrigação de encontrar um determinado sentido. Justamente em situações caóticas as cartas muitas vezes se "recusam" a dar uma resposta clara sobre o curso dos acontecimentos. Nesses casos, é melhor tentar de novo depois de um intervalo mais prolongado.

A Pesquisa da Quintessência e sua Interpretação

Em cada jogada ainda há a possibilidade de completá-la com uma observação adicional por meio do resultado da quintessência. Para tanto, tire de todos os números das cartas escolhidas a soma transversal, até obter um número de um só dígito. Use o valor numérico que consta da carta. O Ás vale 1, as cartas de figuras (Rei, Rainha, Cavaleiro, Valete) não contam. Deixo de lado a correção de Arthur Waite e conto "A Força" como 11 e "A Justiça" como 8.

A soma transversal é, então, a quintessência, o que significa: a carta correspondente dos trunfos principais de 1 a 9 (Mago a Eremita) mostra o modo como você pode lidar imediatamente com esse tema.

I – O caminho da influência e da força

Você dispõe da força para dominar ativamente o tema e tem grandes possibilidades de influenciar o curso dos acontecimentos. Use sua influência, mas evite truques sujos.

II – O caminho do amor, da paciência, da esperança, da prontidão e do conhecimento intuitivo.

Espere até que as coisas amadureçam. Tenha paciência e esteja preparado. Sua intuição lhe mostrará o momento certo de agir. Mas não se perca em devaneios nem se deixe consumir pelas dúvidas.

III – O caminho do nascimento do novo e do crescimento

Traga o que for novo à luz e deixe que cresça, isto é, crie uma nova situação, arranje um novo conhecimento ou modo de observar a vida. Seja criativo. Além disso, predisponha-se a suportar as dores do parto. Mas não se disperse e evite o caos.

IV – O caminho da ordem, da clareza e da realidade

Contemple a situação de modo realista. Faça uma arrumação. Crie relacionamentos francos; concretize suas ideias e realize-se. Mas não se torne um perfeccionista e evite a estagnação.

V – O caminho do conhecimento espiritual

Procure pelo significado profundo da situação. Procure a comunhão das coisas, que só superficialmente parecem não poder ser unidas. Fique aberto para conselhos dados com boa intenção. Tenha confiança: o Hierofante é a sua carta de proteção e influenciará positivamente o curso dos acontecimentos. Evite hipocrisias e beatices.

VI – O caminho do amor e da decisão

Reconheça sem preconceitos o seu parceiro, a sua tarefa, o seu caminho. Deixe cair todos os preconceitos e aceite o outro ou a situação tal como se apresentam. Não se deixe orientar pelo ciúme, mas também evite desistir do parceiro.

VII – O caminho da partida com toda a tranquilidade

Caminhe certo da vitória rumo à solução da sua missão. Comece imediatamente. Você tem a força e a habilidade para dominar a situação e capacidade para vencer as contradições e os conflitos. Mas evite a mania de grandeza.

VIII – O caminho da justiça e da objetividade

Crie uma imagem tanto quanto possível imparcial da situação; então, avalie-a com calma e pense no que tem de fazer. Seja honesto. Preste atenção para que todos os envolvidos (você inclusive) conquistem os seus direitos. Evite prejulgamentos, unilateralidades e fazer justiça com as próprias mãos.

IX – O caminho da reflexão e do ascetismo

Recolha-se. Introverta-se. Dê tempo a si mesmo, o tempo que precisar para descristalizar tudo o que for importante para você. Não se deixe influenciar pelas aparências exteriores, nem se distraia. Concentre-se no seu objetivo. Evite rancor, amargura e o medo do novo.

Os Três Caminhos

Outro tipo de consideração final é a identificação de um caminho com base nos Arcanos Maiores tirados. Para tanto, observe apenas os trunfos colocados e veja em qual ritmo de três eles se encaixam:

I   = 1 – 4 – 7 – 10 – 13 – 16 – 19
II = 2 – 5 – 8 – 11 – 14 – 17 – 20
III = 3 – 6 – 9 – 12 – 15 – 18 – 21

O caminho que você terá de seguir será mostrado pela maioria dos trunfos dessas séries. Ele é:

I   = O caminho da ação, da força, do impulso.
II = O caminho do amor, da espera, da paciência.
III = O caminho do conhecimento, da valorização, do novo, o qual muitas vezes é marcado ou precedido pela experiência do sofrimento.

Crowley os chama de:

I   = O caminho de Osíris.
II = O caminho de Ísis.
III = O caminho de Hórus.

Os Três Caminhos

I
O caminho
da ação,
da força
e do
impulso.

O MAGO — O IMPERADOR — O CARRO

II
O caminho
do amor,
da espera
e da
paciência.

A SACERDOTISA — O HIEROFANTE — A FORÇA

III
O caminho
do conhecimento,
da valorização e
do novo.

A IMPERATRIZ — OS ENAMORADOS — O EREMITA

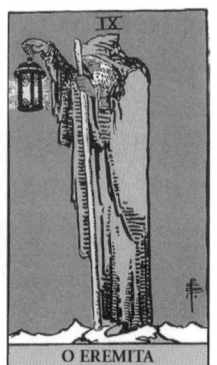

A RODA DA FORTUNA	A MORTE	A TORRE	O SOL
A JUSTIÇA	A TEMPERANÇA	A ESTRELA	O JULGAMENTO
O ENFORCADO	O DIABO	A LUA	O MUNDO

12 Métodos Práticos de Tiragem das Cartas

1. A Cruz Celta

De uso universal, mas sobretudo indicada para perguntas relativas ao curso dos acontecimentos (relacionamento, profissão, plano, decurso do dia etc.).

Embaralhar: o intérprete mistura as cartas três vezes e corta três vezes. As cartas então são escolhidas, tirando-se uma após a outra de cima do monte: a carta 2 é colocada de atravessado por cima da carta 1.

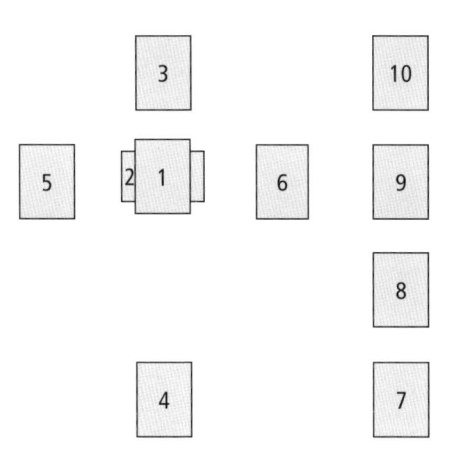

Interpretação:

1 = O que envolve a questão.
2 = O que a atravessa.
3 = O que se deseja.
4 = O que está oculto.
5 = O que ficou para trás, no passado.
6 = O que está adiante, por vir.
7 = O que se refere ao consulente.
8 = O que acontece com o consulente.
9 = O que representa esperanças e medos.
10 = O que acontecerá.

Ou:

1 = Situação de saída.
2 = Situação para chegar lá = perturbadora ou harmônica.
3 = Temática consciente – lado racional – objetivo.
4 = Temática inconsciente – lado emocional – fundamento.
5 = Segundo plano – já aconteceu, levou ao tema.
6 = Primeiro plano – vai acontecer logo.
7 = O consulente/a pessoa de que se trata (sua posição diante do tema).
8 = Lugar da ação, influências e ambiente próximo.
9 = As esperanças e os temores que acompanham o tema.
10 = Acontecimento final, ponto máximo.

2. A Cruz

Faz-se aqui uma pergunta determinada. Joga-se com os 22 Arcanos Maiores apenas!

Embaralhar: o intérprete mistura as cartas até o consulente pedir para parar. Ele deixa a critério do consulente quantas vezes fazer o corte e se as cartas devem ser tiradas "de cima" ou "de baixo". Depois serão dispostas uma por uma:

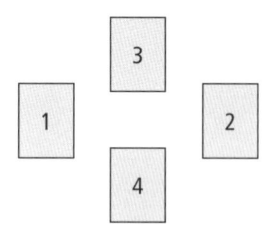

```
        3
    1       2
        4
```

Interpretação:

1 = Este é o seu tema.
2 = Isto você não deve fazer.
3 = Este é o seu caminho.
4 = O caminho leva até aqui.

Ou:

1 = Este é você.
2 = Isto é o que o estimula.
3 = Desta maneira é que você reage.
4 = Assim acontecerá.

3. Encantamento Mágico dos Ciganos

Para perguntas misteriosas.

Embaralhar como na 1ª exposição de cartas abertas, mas dizendo-se a cada uma delas o seguinte encantamento em voz baixa:

```
        [1]
     [2]  [3]
   [4]      [5]
 [6]          [7]
```

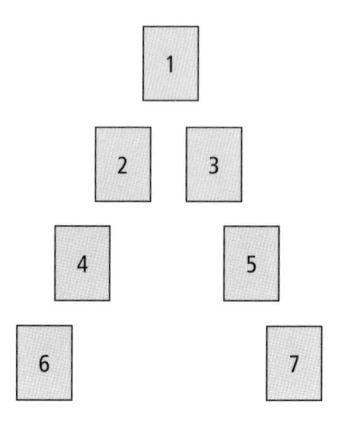

1 = Seu eu.
2 = O que o encobre.
3 = O que o assusta.
4 = O que o impulsiona.
5 = O que lhe resta.
6 = O que lhe reserva o futuro.
7 = O que o obriga a se submeter.

Parece-me que essas palavras foram escolhidas mais pela rima do que pelo fato de que na posição 3 mencionam-se os temores e, na 7, a derrota. Eu considero o 1 como o Eu; o 2, o 4 e o 6 como a personalidade que aparento no exterior; o 3, o 5 e o 7 são os âmbitos que estão ocultados.

4. A Mandala Astrológica

Quando se quer fazer perguntas que abarquem diversos âmbitos da vida. O consulente quer saber a situação atual, a previsão para o mês, ou previsões para o ano todo.

Embaralhar: o consulente (!) mistura as cartas e ele mesmo as dispõe. Também pode escolher entre tirá-las de cima, de baixo, ou uma por uma do monte, aleatoriamente.

Primeiro, são tiradas 12 cartas e interpretadas. Em seguida, o consulente pode tirar uma segunda série de 12 cartas ou de cartas isoladas cujo tema o interessou mais na 1ª exposição.

Depois dessa interpretação complementar, ainda é possível seguir-se uma 3ª, inteira ou parcial. Mas será conveniente parar por aí, caso contrário pode haver tendência para ficar tirando as cartas até obter a resposta que nos interessa:

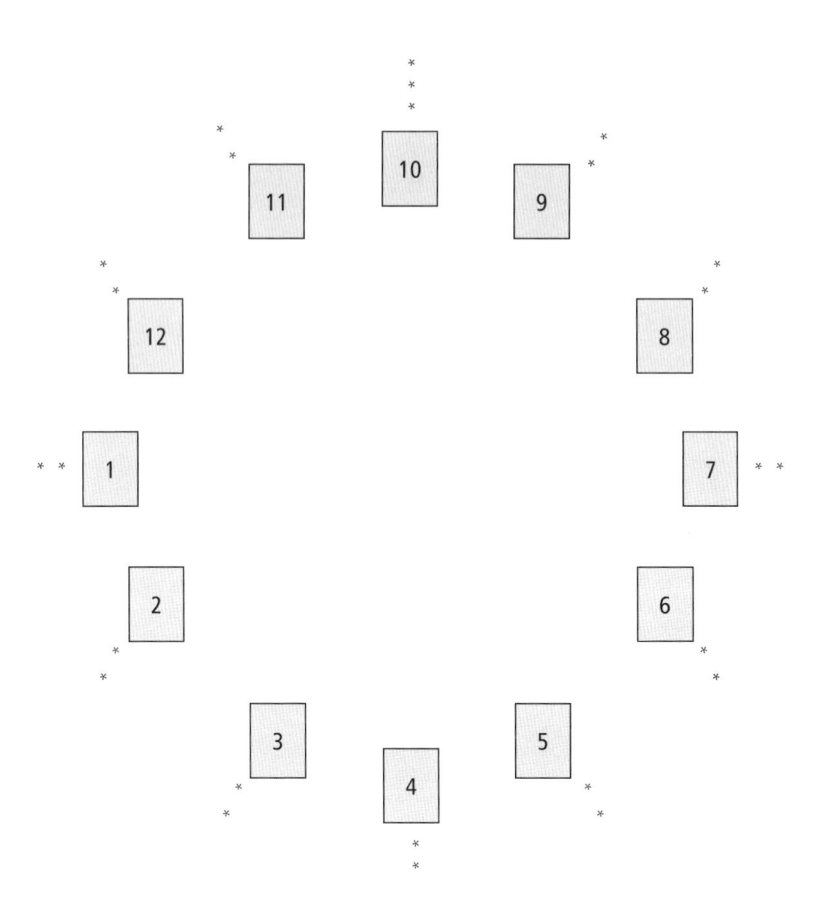

Interpretação:

Para manter a capacidade de expressão das cartas, convém reduzir as interpretações altamente diferenciadoras do sistema astrológico a campos de experiência marcantes. De outro modo, pode-se ficar perdido na profunda essencialidade dos campos ocultistas das casas 8 e 12. A 8ª casa eu mal interpreto; em vez disso, faço 2 ou 3 sugestões de interpretação, das quais o consulente, via de regra, tira a explicação que achar mais acertada para ele.

Com as palavras-chave a seguir, é fácil alcançar uma boa interpretação do significado das cartas.

Palavras-chave:

1 = Eu sou	Disposição básica/modo de se apresentar.
2 = Eu tenho	Riqueza/talentos.
3 = Eu penso	Dia a dia/aprendizado.
4 = Estou protegido	Lar/proveniência.
5 = Eu gosto, brinco	Amores/divertimentos.
6 = Eu trabalho	Local de trabalho/comportamento social.
7 = Eu amo	Relacionamentos/casamento.
8 = Eu crio	Sexualidade/tabus.
9 = Eu creio	Busca do sentido/convicções/viagens.
10 = Eu me esforço	Carreira/reconhecimento.
11 = Meus amigos	Amizades/grupos.
12 = Eu anseio	Anseios/libertação/segredos.

Quem gosta de pensar por meio de imagens pode imaginar que o círculo é a instalação de um castelo, em que as casas, isoladamente, representam âmbitos diversos, aposentos, instalações:

1 = Vista exterior/portão de entrada.
2 = Câmara dos tesouros/salão de cosmético.
3 = Escola/rua/lugar da feira.
4 = Casa (paterna)/galeria dos antepassados.
5 = Modo de brincar/cassino/área do prazer.
6 = Aposentos para o trabalho/estação de tratamento.
7 = Aposentos nupciais.
8 = Adega/cemitério.
9 = Catedral/universidade/cancela/escritório de viagens.
10 = A torre que se vê ao longe/galeria da fama.
11 = Quarto de hóspedes/salões de recepção.
12 = Eremitério/prisão.

Quem quiser se aprofundar deverá se ocupar desta divisão mais detalhada:

Casa 1

O sentimento de individualidade, a disposição básica, a maneira como a pessoa se apresenta, o modo e a maneira como se relaciona com os demais ou, respectivamente, como inicia tarefas.

A primeira impressão que se causa nos outros, autoafirmação, apresentação e força para vencer. O ponto de partida. A individualidade em oposição à experiência do outro na casa 7.

Casas 1-7 = o eixo eu-outro ou o eixo dos encontros.

Casa 2

A riqueza no duplo sentido de ter e de poder. Dessa maneira, refere-se às circunstâncias econômicas, à segurança de vida, às fontes de obtenção de recursos, ao modo de lidar com o dinheiro, aos impostos e dívidas, mas também aos talentos, às posses espirituais, à satisfação e à vaidade. Os valores pessoais em contraposição com os valores transcendentais da Casa 8.

Casas 2-8 = o eixo do valor.

Casa 3

O bom senso saudável, o prático cotidiano, a comunicação no sentido do aprendizado, das palestras, da troca de ideias, da correspondência, da transmissão de notícias, do jornalismo; mas também o comércio, em especial a atividade de corretor, com viagens de negócios e viagens curtas, em oposição às férias e viagens que constam na Casa 9.

O raciocínio diário e a verdade contida nos jornais (que só valem por um dia) em oposição ao raciocínio elevado e à convicção da Casa 9.

Casas 3-9 = eixo do raciocínio.

Casa 4

O lar. Onde sempre nos sentimos em casa: na própria casa ou ainda na casa dos pais. A segurança, a pátria, as raízes familiares, a velhice. O "de onde" em oposição ao "para onde" da Casa 10.

Casas 4-10 = o eixo do desenvolvimento.

Casa 5

A criatividade. Tudo o que for diversão, tudo o que amamos. Tudo o que for brincadeira; a lida com os filhos, os casos amorosos, os jogos de azar, os prazeres. O jogo do amor, os flertes, os pequenos amores. A arte criativa.

A autoapresentação em oposição à introdução num grupo, como se vê na Casa 11.

Casas 5-11 = o eixo eu/nós.

Casa 6

A integração social. O local de trabalho, o método profissional, o modo de lidar com os colegas e com os empregadores. Comportamento na mesma camada social e em outras; raciocínio acerca de castas, consciência da posição. As próprias doenças e a invalidez. Enfermagem.

A participação no grupo, em oposição ao autossacrifício da Casa 12.

Casas 6-12 = o eixo social.

Casa 7

A parceria, o casamento, relacionamentos importantes, duradouros e separações, divórcios. Também sociedades profissionais. Inimizades francas.

A "vítima da adaptação" em oposição à ilimitada evolução individual da Casa 1.

Casa 8

O fundamento oculto da vida. As forças primordiais originais; as forças sobrenaturais e sua utilização; forças curadoras e xamanismo. Capacidades ocultas e experiências. Todos os tabus e sua transposição. As experiências sexuais mais profundas. O morrer e o vir a ser; morte e renascimento. A imagem da morte (saudades da morte, medo da morte etc.).

Magia negra e branca. Magia sexual. Heranças. A riqueza oculta em oposição à riqueza concreta da Casa 2.

Casa 9

O raciocínio superior. A ampliação do horizonte por meio de viagens interiores ou exteriores. As férias ou uma romaria íntima. A visão do mundo; a crença e os assim fundamentados valores morais e bases religiosas; a imagem de Deus e os bons valores; a busca do sentido; estipulação de padrões morais; a sensação de justiça; os modos de pensar dogmáticos, liberais, conservadores, progressistas etc.

As convicções, o envolvimento em oposição ao distanciamento, à informação prática e à visão da Casa 3.

Casa 10

O sucesso na vida. A fama pública e o aparecimento em público; a carreira, a concretização de objetivos profissionais e sociais. Popularidade. Concretização dos objetivos da vida. O auge da vida.

A coroa da árvore em oposição às suas raízes na Casa 4, portanto, a concretização e formação de capacidades próprias e as possibilidades herdadas.

Casa 11

As amizades e os ideais de amizade. Todas as semelhanças de escolha e as vivências em grupo. A hospitalidade. Defesa da humanidade e dos seus ideais. A burguesia mundial. O espírito de comunidade, em oposição à dominância do Eu na Casa 5.

Casa 12

Os anseios secretos e os temores. Experiências extrassensoriais e místicas, mas também fuga da realidade e mau uso de drogas, no intuito de atender à sensação de querer fugir da prisão do corpo. Isolamento voluntário e obrigatório: mosteiros, hospitais, prisões.

Inimigos secretos. O oculto e o inexplicável em oposição à visibilidade e ao metódico da Casa 6.

5. A Porta*

Embaralhar: as cartas são embaralhadas 3 vezes e cortadas 3 vezes, tirando-se 11 cartas que serão distribuídas logo depois da seguinte maneira:

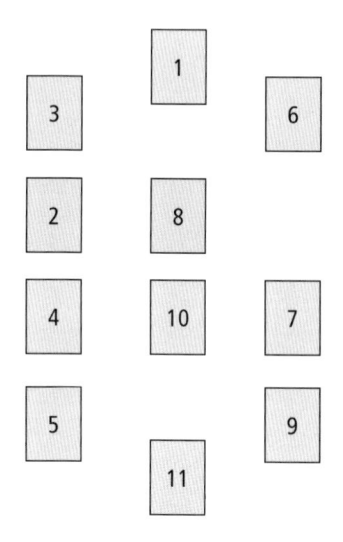

Interpretação:
  1 = O nome da porta.
  2 = O buraco da fechadura que permite a primeira olhada.
  3 = O castelo.

---

* Fonte: *Tarot Network News*.

4 = A maçaneta da porta; quando você pega nela, ela pode deixá-lo entrar.
5 = Isso o leva até a porta.
6 = O que espera encontrar por trás da porta, ou teme.
7 = Sua posição diante da porta.
8 = O que está por trás da porta.
9 = Onde você pode encontrar a porta.
10 = O que acontece quando você abre a porta.
11 = A chave para a porta.

6. O jogo dos relacionamentos

Nenhuma regra para embaralhamento. Primeiro, são tiradas e interpretadas 7 cartas. Em uma 2ª e 3ª jogadas podem ser tiradas mais cartas de cada vez*, que então dão informações de segundo plano.

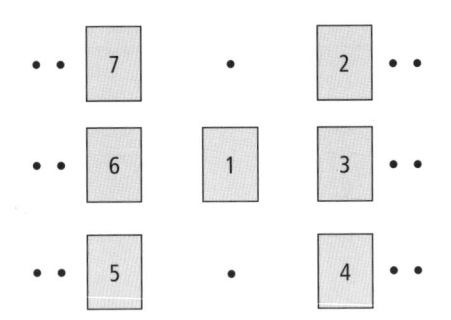

```
  ..  [7]    .    [2]  ..

  ..  [6]  [1]  [3]  ..

  ..  [5]    .    [4]  ..
```

Interpretação:

1 = Temática do relacionamento

As duas colunas mostram como os parceiros se encontram em cada um dos campos:

lado esquerdo (7, 6, 5) – consulente
lado direito (2, 3, 4) – parceiro(a)

---

* Fonte: Ziegler. *Tarot, Spiegel der Seele*. [*Tarô – Espelho da Alma*].

Os 3 campos de cima para baixo:
mental – sentimentos – atração física
(7 + 2)   (6 + 3)   (5 + 4)

7. O Jogo dos Parceiros*

Um jogo que é realizado pelos dois parceiros juntos. As cartas são embaralhadas e então dispostas em forma de leque. Cada parceiro tira alternadamente uma delas – ao todo 3 – e as posiciona da seguinte maneira:

| 1 | 3 | 5 | – tiradas por A |
| 2 | 4 | 6 | – tiradas por B |

Interpretação:

1 = como A vê o parceiro.   2 = como B vê o parceiro.
3 = como A vê a si próprio.   4 = como B vê a si próprio.
5 = como A vê o relacionamento. 6 = como B vê o relacionamento.

8. O Jogo Cigano ou com 21 Cartas**

Embaralhar à vontade. O consulente tira 21 cartas do monte que, ou são posicionadas com as imagens para cima, ou com a figura virada para baixo, para serem descobertas durante a interpretação, uma por uma:

---

* Fonte: Ziegler. *Tarot, Spiegel der Seele* [*Tarô – Espelho da Alma*].
**Fonte: Butler. *Dictionary of the Tarot* [*Dicionário de Tarô*].

G	F	E	D	C	B	A
7	6	5	4	3	2	1
14	13	12	11	10	9	8
21	20	19	18	17	16	15

Interpretação:

As três colunas representam cada vez uma imagem correspondente. As colunas têm o seguinte significado:

A = A disposição anímica do consulente.
B = Sua vida familiar.
C = Seus desejos no momento, suas esperanças. A sua pergunta.
D = Sua esperança nessa circunstância.
E = O que ele não espera. O que o surpreende.
F = Seu futuro imediato.
G = O resultado e as previsões em longo prazo.

9. A Estrela*

Para análise da situação e determinação da posição. Regra para embaralhar: o intérprete mistura as cartas e as espalha em forma de leque diante do consulente. Este tira ao todo 6 cartas que devem ser dispostas da seguinte maneira:

---

* Fonte: Winkelmann. *Tarot der Eingeweihten* [Tarô dos Iniciados].

```
        1
   4         5
        Q
   2         3
        6
```

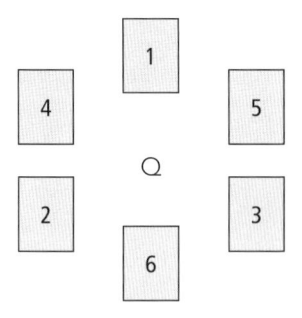

O triângulo superior (1, 4, 5) representa a situação.
O triângulo inferior (2, 3, 6) representa o consulente.

A coluna vertical à esquerda (4, 2) = o âmbito material, exterior.
A coluna vertical do meio (1, 6) = o âmbito espiritual.
A coluna vertical à direita (5, 3) = o âmbito anímico/resumo.

Por fim, fazemos a soma de todas as cartas tiradas (o Ás vale 1, as figuras da corte não valem nada) e a soma transversal, até restar um número entre 1 e 9. Tira-se o trunfo correspondente dos Arcanos Maiores e coloca-se a carta no meio (Q = quintessência). Esta mostra o impulso que o consulente deve usar para lidar com o tema.

10. O Método Crowley*

Embaralhamento: o consulente pega primeiro todas as cartas na mão e pensa tranquilamente a respeito da pergunta que pretende fazer, sem formulá-la em voz alta. Em seguida, as cartas são embaralhadas pelo intérprete e, por fim, cortadas 3 vezes pelo consulente, com a mão esquerda, formando 4 montes.

---

* Fonte: Butler. *Dictionary of the Tarot* [*Dicionário de Tarô*].

O intérprete corta cada monte formado com a mão esquerda, para a esquerda, repetindo o processo mais uma vez, de maneira que restem 4 montes:

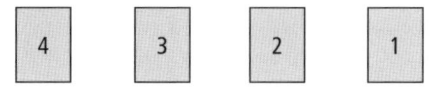

| 4 | 3 | 2 | 1 |

Estes representam: Yod – He – Vau – He.

Retira-se o Louco dos 4 montes. Dependendo de onde ele estiver, a resposta começa a partir desse monte. Assim, temos os seguintes valores:

Monte Yod = 4 Trabalho, profissão, negócios.
Monte He = 2 Amor, prazeres, casamento, relacionamento, sexo.
Monte Vau = 3 Aborrecimento, briga, processos, perdas, escândalo.
Monte He = 1 Dinheiro, preocupações materiais.

O intérprete pergunta ao consulente se a leitura está correta. Em caso afirmativo, ele continua; do contrário, para. Em seguida, as cartas do respectivo monte são dispostas em círculo. O Louco é colocado na posição correspondente ao número 12 do relógio, e a primeira e a última cartas são dispostas uma em cada lado dele. Nessa sequência, é feita a leitura.

Em uma segunda fase, as cartas são interpretadas aos pares, isto é, partindo-se do Louco: a 1ª à esquerda com a 2ª à direita dele; em seguida, a 2ª à esquerda com a 2ª à direita, e assim por diante. Essa segunda fase traz informações complementares à primeira.

Caso o consulente consiga resolver alguma coisa, continuar; caso não possa, parar.

Assim se continua até que todas as cartas sejam embaralhadas outra vez e então divididas em 12 montes. Estes correspondem às 12 casas astrológicas, como segue:

1 = Vida e saúde
2 = Dinheiro
3 = Parentes e viagens
4 = Heranças
5 = Filhos
6 = Doenças
7 = Casamento
8 = Morte
9 = Viagens longas
10 = Honrarias
11 = Amigos
12 = Inimigos

O intérprete pensa em qual desses temas ocupa o consulente e procura o Louco no respectivo monte. Se o encontra, continua; caso contrário, para.

O jogo continua como antes: as cartas do monte correspondente são colocadas em círculo e lidas como se fossem uma história. Então são interpretadas aos pares.

Caso o jogo continue, são formados outros 12 montes que, desta vez, correspondem aos signos, como segue:

Áries	Raiva
Touro	Beleza
Gêmeos	Aprendizagem
Câncer	Recuperação
Leão	Fama
Virgem	Trabalho
Libra	Amor
Escorpião	Sexualidade, nascimento, morte, alma, paixão
Sagitário	Viagens

Capricórnio   Velhice, responsabilidade
Aquário   Excentricidade, ocultismo
Peixes   Sono, misticismo, mediunidade

De acordo com o resultado: procure o Louco etc.

Todas as cartas são outra vez embaralhadas como no início. O intérprete escolhe do monte o Louco e o coloca com as 36 cartas seguintes no círculo. Interpretação como antes.

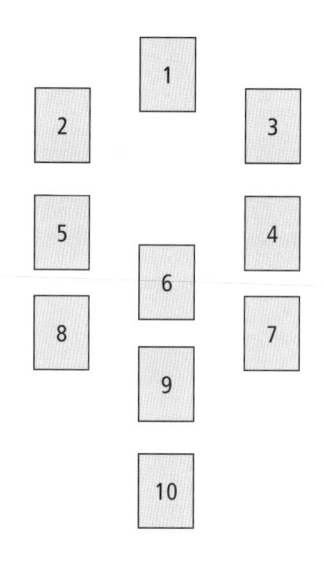

```
            1
    2               3

    5               4
            6
    8               7
            9

           10
```

As cartas são embaralhadas outra vez como no início e, então, dispostas na forma da Árvore da Vida (veja acima).

O significado:
1 = Kether = a coroa, o Louco, a busca interior, Netuno.
2 = Chokmah = Sabedoria, intelecto, iniciativa, cosmo, Urano.
3 = Binah = Compreensão, intelecto exterior, morte, Saturno.
4 = Chesed = Misericórdia, alma interior, sucesso (financeiro), Júpiter.
5 = Geburah = Justiça, alma exterior, inimigos, vingança, Marte.

6 = Tiphareth = Beleza, o Self interior, torre, Sol.
7 = Netzach = Eternidade, o involuntário, amor, sexo, Vênus.
8 = Hod = Radiação, política, comércio, comunicação, Mercúrio.
9 = Yesod = Fundamento, ego, alma, intuição, Lua.
10 = Malkuth = Corpo, lar, Plutão.

11. O Jogo do Louco*

Com este, dá para vermos se por trás ou ao lado da pergunta feita não se esconde outra mais importante ainda.

O Louco é retirado do jogo, e as 77 cartas restantes são embaralhadas 3 vezes. O consulente corta 3 vezes da direita para a esquerda com a mão esquerda, concentrando-se na pergunta. As cartas são reunidas. Doze cartas então são cortadas de cima. O Louco é colocado no meio dessas cartas. Em seguida, embaralhar mais 3 vezes.

As 13 cartas são dispostas uma a uma, em fila, da esquerda para a direita. O Louco representa a pergunta feita e sua posição na fila indica uma ordem de eventos: à esquerda o passado, à direita o futuro da temática subjacente.

Se o Louco surgir como a 1ª carta, as cartas respondem à pergunta que foi feita e também à mais profunda, subjacente. Se o Louco vier por último, então se responde apenas à pergunta feita pois aquele processo do consulente já se encerrou.

12. O Jogo da Decisão

Embaralhar: o consulente mistura as cartas com a mão esquerda, sobre uma mesa ou no chão, e em seguida corta 3 vezes. As cartas são dispostas a partir de cima, como segue:

---

* Fonte: Butler. *Dictionary of the Tarot* [Dicionário de Tarô].

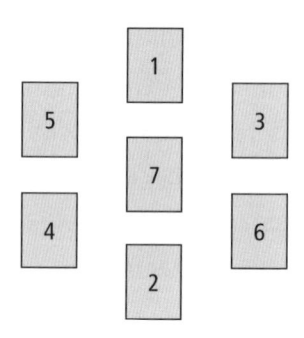

A interpretação:

7 = o problema

1, 3, 5 = Influências positivas. "Favorável."

2, 4, 6 = Influências negativas. "Desfavorável."

Alternativamente, as cartas podem ser colocadas da seguinte maneira:

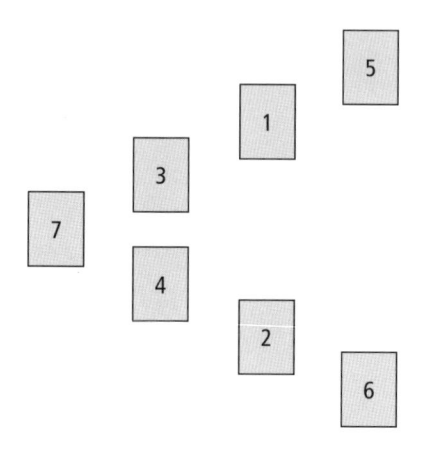

A interpretação:

7 = é disso que se trata.

3, 1, 5 = isso acontece quando o consulente "o" faz.

4, 2, 6 = isso acontece quando o consulente não "o" faz.

Nenhum dos jogos tem garantia!

Exemplos de Interpretação

EXEMPLO 1

O Jogo da Decisão

O Jogo da Decisão fornece indicações interessantes sobre o ambiente e as consequências de uma decisão muito importante. Desse modo, os lugares "isso é favorável" e "isso é desfavorável" não correspondem necessariamente a "positivo" e "negativo". No exemplo seguinte, vemos como as cartas trazem a resposta e influenciam a decisão.

A consulente tinha se interessado por um novo emprego e perguntou, depois da entrevista, se deveria aceitar a proposta.

Interpretação:

O *Oito de Espadas* se encontra no lugar que simboliza o tema. Isso significa que a consulente não terá a possibilidade de se animar com o local de trabalho em questão. Nesse emprego, ela se sentirá presa e não poderá desenvolver um aspecto importante de si mesma.

As 3 cartas de cima, que falam "a favor", dizem:

Três de Espadas (1):
Trata-se de uma decisão racional, tomada contra o coração.

Seis de Espadas (5):
É um passo para novas margens, experimentado visivelmente com receio.

Estas duas comprovações são bastante normais quando se trata de começar uma profissão ou mudar de emprego e não têm maior importância para a decisão.

O Diabo (3):
Embora o tema em geral (por meio do Oito de Espadas) seja arriscado, por certo tem algo de muito sedutor que poderia influenciar positivamente a decisão, o que seria uma decisão contra os próprios princípios ou a própria intuição. (Nesse caso, a sedução estava no salário.) Isso, no todo, diz muito pouco sobre a decisão.

As 3 cartas de baixo, que "falam contra", dizem:

Valete de Espadas (2):
Haverá violentos desentendimentos, nos quais a consulente se verá envolvida.

Cavaleiro de Ouros (4):
Trata-se, por certo, do ambiente em que ela ganhará um bom dinheiro, mas no todo a atmosfera é estática, isto é, será muito difícil modificar algo ou progredir.

Oito de Ouros (6):
Para início de profissão ou mesmo para um reinício em si, a carta é muito bonita, visto que mostra o aprendiz que constrói a própria

sorte. Mas, como nesse caso se trata de uma "carta desfavorável", isso significa que a consulente por certo não será muito requisitada.

O que as cartas dizem está visivelmente contra a aceitação do emprego.

EXEMPLO 2

A Cruz Celta

Tirar as cartas como uma experiência pessoal pode abrir perspectivas interessantes. Uma consulente que se sentia intimamente dividida queria saber apenas: "Afinal, o que eu quero de fato?".

Interpretação:

A presença de Arcanos Maiores aqui mostra a importância do tema para a consulente.

Cartas 1 e 2, os dois impulsos de partida, que determinam o tema.

III – A Imperatriz:

Trata-se da criatividade, mas também do completo desenvolvimento de seu lado feminino. Seria aconselhável pensar sobre o tema da mãe.

VIII – A Justiça:

Ela quer "conquistar seus direitos": ela gostaria que, seja lá o que for que deseje (até aqui não sabemos o que é), seja honesto e equilibrado.

Carta 3, aquilo que é visto de maneira consciente.

O Dois de Copas:

Ahá, ela quer amor. Isso só pode se referir a um novo encontro ou então a uma nova paixão, no caso de a ligação já existir. É importante verificar que o lugar desta carta apenas diz algo sobre o que ela quer, e não o que acontecerá.

Carta 4, o âmbito inconsciente, o que é sentido.

II – A Sacerdotisa:

Trata-se do desdobramento de suas forças intuitivas. Como carta de proteção, nessa posição a Sacerdotisa também diz que, no íntimo, a consulente sabe que o tema terá um desenvolvimento feliz.

Carta 5, "o que está por trás", o que significa, o que levou à pergunta.

XIX – O Sol:

A consulente tem um passado aparentemente alegre e positivo. Diante da pergunta, pode-se supor que ela viveu o Sol mais por seu lado superficial e evidente, mas certamente se divertiu bastante.

Carta 6, "isto acontecerá", isto é, o futuro próximo.

Rei de Paus:

O rei voluntarioso, o rei exemplar deve ser interpretado como o homem que ela logo irá encontrar. Suas qualidades podem ser descritas pelo seu temperamento com base no elemento Fogo.

Carta 7, a disposição da consulente com relação ao tema.

Quatro de Copas:

Desgosto, má vontade e aborrecimento visivelmente levaram-na a fazer a pergunta. Esta carta comprova também as 2 suposições feitas pelo Sol, de que a época ensolarada foi vivida toda no primeiro plano. Além disso, também mostra que a consulente talvez procure a solução do tema com bastante má vontade.

Carta 8, o ambiente, as influências que provêm das imediações.

I – O Mago:

Uma interpretação simples seria: o ambiente é mágico, maravilhas são possíveis a qualquer hora por todo o lugar. Aqui, o Mago representa um ambiente ou mesmo uma única pessoa, que essencialmente tem influência sobre a consulente, que terá algo a ver com o curso dos acontecimentos.

Carta 9, esperanças e temores.

Cavaleiro de Espadas:

Como esperança, este cavaleiro expressa a atmosfera em que se obtém clareza sobre si mesmo e seus objetivos; seus temores se relacionam com uma disposição carregada de conflitos, de brigas e de desentendimentos.

Carta 10, lugar para onde a coisa vai, previsões a longo prazo.

VI – Os Enamorados:

Provavelmente, a boa intuição da Sacerdotisa é confiável. Aquilo que se busca – Dois de Copas – e o que é encontrado – Rei de Paus – desdobra-se num grande amor.

A quintessência de todas as cartas, isto é, a soma transversal de seus números dá 9, o número do Eremita, isto é, seu caminho é, primeiro, o da reflexão, o da introversão, o do encontro de si mesma ou simplesmente a pergunta: "O que quero, afinal?", para a qual este jogo deu um bom primeiro passo.

A propósito, soube que o Rei de Paus a encontrou.

10
VI
OS ENAMORADOS
3
II
9
5
XIX
O SOL
1
III
A IMPERATRIZ
2
XI
A JUSTIÇA
6
8
I
O MAGO
4
II
B
J
A SACERDOTISA
7
IV

EXEMPLO 3

A Cruz Celta

Eu estava ciente do caráter sensível da próxima pergunta. Mesmo assim, não deixei de tentar e achei as declarações tão marcantes que também quis reproduzir este exemplo. Contudo, vale lembrar que perguntas semelhantes devem ser tratadas com o máximo cuidado.

A consulente sofreu há pouco tempo um reiterado ataque de asma e quer saber as causas subjacentes e como poderia lidar com elas.

Interpretação:

Cartas 1 e 2, os dois pontos de partida que determinam o tema.

Seis de Copas:

A carta indica o passado, especificamente a infância. Por certo, aí estão as raízes da doença.

Cinco de Ouros:

O motivo a ser abordado é uma situação de necessidade. Imaginar se pode tratar-se de fato de preocupações financeiras. Mas também pode ser uma situação de "necessidade (carência) de sentimento", uma sensação de frio etc.

Carta 3, aquilo que é visto conscientemente.

XVIII – A Lua:

A consulente está certa de que as raízes e também as possibilidades de solução estão na temática que existe no fundo de seu inconsciente. Diante da temática do medo que esta carta inspira, é bem provável que exista certa tendência para percorrer esse caminho, embora haja sugestão melhor.

Carta 4, o âmbito inconsciente, aquilo que é sentido.

V – O Hierofante:

Isso comprova a hipótese abordada há pouco de que a busca por um significado tem de ser feita no âmbito inconsciente e que a consulente também sente isso. Como carta de proteção, ela promete que essa experiência será feita com suavidade, em todo caso com resultado positivo.

Carta 5, "o que está por trás", o que significa, o que levou à pergunta.

Quatro de Espadas:

Uma pausa obrigatória, justamente por causa da doença, uma fase de atividade diminuída e de paz.

Carta 6, "o que ainda vem", isto é, o futuro próximo.

III – A Imperatriz:

Desenvolver a criatividade e com isso trazer o novo à luz. Nessa correspondência, parece que o novo tem de ser o conhecimento sobre os motivos mais profundos. Mas não devemos deixar passar o fato de que o nascimento do novo muitas vezes traz uma associação com a dor. O caminho do conhecimento não é necessariamente fácil.

Carta 7, a disposição da consulente diante do tema.

Sete de Espadas:

De preferência, a consulente gostaria de evitar o enfrentamento dessa temática e, com a ajuda de sua inteligência aguçada, "racionalizaria e eliminaria" a necessidade desse confronto com suas próprias profundezas. Justamente diante disso, de que tem consciência (Lua) e que sente inconscientemente (Hierofante), esta carta mostra que ela facilmente se esquivaria da situação.

Carta 8, o ambiente, as influências do ambiente próximo.

I – O Mago:

Por certo, o ambiente terá influência sobre ela, isto é, ela encontrará uma pessoa que lhe dará o impulso decisivo para um confronto com o tema. Pode-se supor que a indicação da carta seja um terapeuta.

Carta 9, esperanças e temores.

Dois de Ouros:

Trata-se da esperança de aprender a lidar com o tema brincando, observá-lo pelo lado descontraído, mas também o medo de ser leviana.

Carta 10, para onde leva, previsões em longo prazo.

Ás de Paus:

O caminho apontado por esta carta leva à autorrealização. O enfrentamento dos motivos ocultos da doença é um desenvolvimento pessoal.

Quintessência = 7 = O Carro:

A carta sugere que ela deve abordar a resolução do seu problema de saúde de modo imediato e com otimismo, pois já reúne os impulsos necessários e tem capacidade de coordená-los, o que promete um transcurso positivo dos acontecimentos.

327

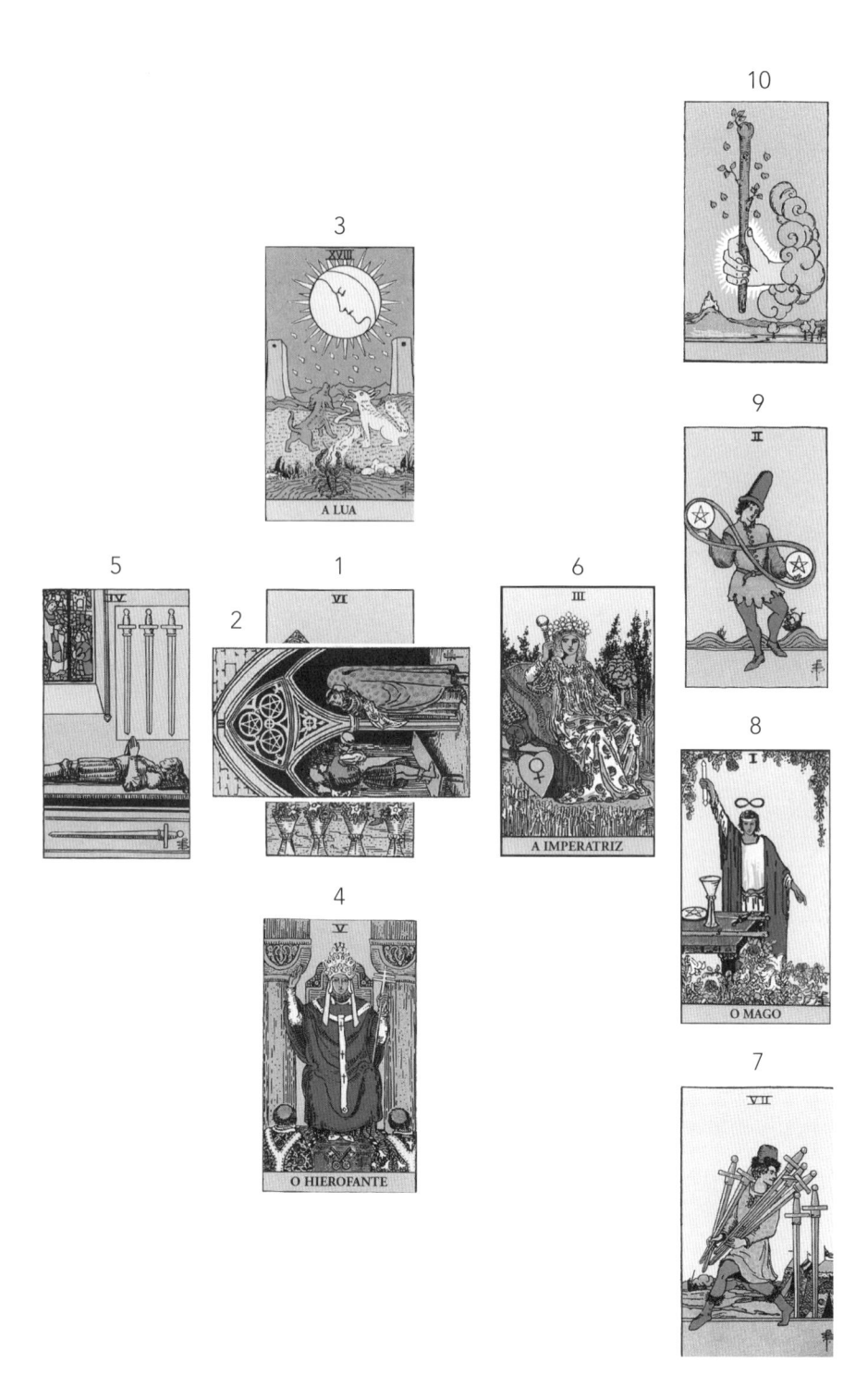

Créditos e Bibliografia Complementar

* Recomendável
** Muito Recomendável

1. Livros de Tarô

Bauer, Erich. *Tarot: Quelle therapeutischer Wandlung* [Tarô, Fonte de Mudança Terapêutica]. Munique, 1982.

Butler, Bill. *Dictionary of the Tarot* [Dicionário do Tarô]. Nova York, 1975.*

Crowley, Aleister. *Das Buch Thoth* [O Livro de Thoth]. Munique, 1981.

Leuenberger, H. D. *Schule des Tarot I. Das Rad des Lebens* [Escola de Tarô I. A Roda da Vida). Friburgo, 1981.

Nichols, Sallie. *Die Psychologie des Tarot* [A Psicologia do Tarô]. Interlaken, 1983.**

Pollack, Rachel. *Tarot – 78 Stufen der Weisheit*. Munique, 1985.** [*Setenta e Oito Graus de Sabedoria*. São Paulo: Pensamento, 2022.]

Stuart, Micheline. *Tarot-Weg zu Selbsterfahrung* [Tarô – Caminho para Autoexperiência]. Frankfurt, 1977.

Tarot Network News, 2860 California Street, San Francisco, CA 94115, USA. *

Waite, Arthur E. *Der bilderschlüssel zum Tarot* [A Chave Simbólica do Tarô]. Sauerlach, 1979.

Walker, Barbara. *The Secrets of the Tarot* [Os Segredos do Tarô]. San Francisco, 1984.

Winkelmann, Joachim. *Tarot der Eingeweihten* [O Tarô dos Iniciados]. Berlim, 1954.

Ziegler, Gerd. *Tarot, Spiegel der Seele* [O Tarô, Espelho da Alma]. Sauerlach, 1984.

2. Simbolismo, Misticismo, Cabala, Astrologia

Adler, dr. Oskar. *Testament der Astrologie* [Testamento da Astrologia]. Viena, 1949.**

Arroyo, Stephen. *Astrologie, Psychologie und die 4 Elemente*. Munique, 1982.* [*Astrologia, Psicologia e os Quatro Elementos*. São Paulo: Pensamento, 2ª edição, 2013.]

Bischoff, dr. Erich. *Die Mystik und Magie der Zahlen* [A Mística e a Magia dos Números. Berlim, 1982.*

Endres, Franz Carl. *Das Mysterium der Zahl* [O Mistério dos Números]. Colônia, 1984.*

Gebser, Jean: *Ursprung und Gegenwart* [Origem e Presente]. Stuttgart 1949**

Greene, Liz. *Schicksal und Astrologie*. Munique, 1985.** [*A Astrologia do Destino*. São Paulo: Pensamento, 2ª edição, 2023.]

Miers, Horst E. *Lexikon der Geheimwissenschaften* [Dicionário das Ciências Secretas]. Friburgo, 1976.*

Richardson, Allan. *Die Mystische Kabbala* [A Cabala Mística]. Basileia, 1982.

Weinfurter, Karl. *Mystische Fibel* [Cartilha Mística]. Friburgo, 1981.*

Wilson, Colin, *Das Okkulte* [O Oculto]. Berlim e Schlechtenwangen, 1982.

3. Mitologia, Religião

Die Bibel [A Bíblia].

Die Edda [O Edda]. Felix Genzmer (org.). Colônia, 1964.

Golther, Wolfgang. *Handbuch der germanischen Mythologie* [Manual de Mitologia Germânica]. Stuttgart, 1908.

Harding, Esther, *Frauen-Mysterien einst und jetzt* [Mistérios Femininos, Antes e Agora]. Stuttgart 1982.*

Lao-Tzu, *Tao-Te-King*, Stuttgart, 1961.* [*Tao-Te King*. São Paulo: Pensamento, 2ª edição, 2023.]

Metman, Philipp. *Mythos und Schicksal* [Mito e Destino]. Lípsia, 1936.**

Ranke-Graves, Robert. *Die Götter Griechenlands* [Os Deuses Gregos]. Reinbeck, 1981.**

_____. *Die weisse Göttin* [A Deusa Branca]. Berlim, 1981.*

Reclams Bibellexikon [Dicionário da Bíblia]. Stuttgart, 1982.**

4. Psicologia, Etnologia

Dürr, Hans Peter. *Traumzeit* [Época dos Sonhos]. Frankfurt, 1978.**

Jung, Carl-Gustav. *Der Mensch und seine Symbole* (O Homem e seus Símbolos]. Olten, 1982.

_____. *The Interpretation of visions* [A Interpretação dos Sonhos]. Irving, Texas, 1962.

_____. *Gesammelte Werke* [Obras Completas]. Olten.**

Newmann, Erich. *Ursprungsgeschichte des Bewusstseins*. Munique, 1968.** [*História das Origens da Consciência*. São Paulo: Cultrix, 2ª edição, 2022.]

Whitmont, Edward C. *The Symbolic Quest*. Nova York, 1969.* [*A Busca do Símbolo*. São Paulo: Cultrix, 2ª edição, 2024.]

5. Literatura Generalizada

Camus, Albert, *Hochzeit des Lichts* [O Casamento da Luz]. Zurique, 1954.**

Degenhardt, Franz J. *Spiel nicht mit den Schmuddelkindern* [Não Brinque com Criancinhas de Colo). Reinbek.

Fowles John. *Der Magus* [O Mago]. Frankfurt, Berlim, Viena, 1969/1980.

Hesse, Hermann. *Siddhartha* [Sidarta]. Frankfurt, 1969.**

_____. *Lektüre fur Minuten* [Leitura para Minutos]. Frankfurt, 1971.

Kazantzakis, Nikos. *Askese* [Ascetismo]. Zurique, 1973.*

Kopp, Sheldon. *Triffst Du Buddha unterwegs...* [Se Encontrares Buda no Caminho...]. Colônia, 1976.**

Kopp, Sheldon. *Kopfunter hängend sehe ich alles anders* [De Cabeça para Baixo Vejo Tudo com Outros Olhos]. Colônia, 1982.

Ortega Y Gasset, J. *Der Mensch und die Leute* [O Homem e as Pessoas]. Munique, 1961.

Papalagi. Zurique, 1977.*

Pirsig, Robert M. *Zen oder die Kunst ein Motorrad zu warten* [Zen e a Arte da Manutenção da Motocicleta]. Frankfurt, 1976.**

Rückert, Friedrich. *Die Weisheit der Brahmanen* [A Sabedoria dos Brâmanes]. Lípsia, 1857.

Shah, Idris. *Die Weisheit der Narren* [A Sabedoria dos Tolos]. Friburgo, 1983.

Watts, Allan W. *Die Weisheit des ungesicherten Lebens* [A Sabedoria da Vida Insegura]. Berna, Munique, 1981.*

6. Ilustrações

Blake, William. Editora Prestel, Hamburgo, 1975.

Agradecimentos

Agradeço a todos que direta ou indiretamente possibilitaram a edição deste livro.

Agradeço em especial a Susanne, que teve a paciência e a habilidade de me ajudar em tantos dilemas que surgiram quando entrei pela primeira vez para o mundo do processamento de textos por meio do computador. Além disso, devo sinceros agradecimentos à firma Project Communication que, com grande liberalidade, cedeu-me seus escritórios e me emprestou todas as instalações necessárias para a escrita do texto.

Por último, mas não menos importante, agradeço a todos os participantes das consultas de Tarô que, com suas contribuições e narrativas, possibilitaram que eu tivesse uma compreensão mais profunda do significado das cartas.

– Munique, maio de 1985

Impresso por :

gráfica e editora
Tel.:11 2769-9056